Más allá de los

Bridgerton

Más allá de los Bridgerton

Gemma Rubio

© 2023, Gemma Rubio Massó
© 2023, Redbook Ediciones, s. l., Barcelona
Diseño de cubierta e interior: Regina Richling
Fotografías interiores: Wikimedia Commons / APG Images
ISBN: 978-84-18703-60-7
Depósito legal: B-10.158-2023
Impreso por Andalusí Gráficas Polígono Ind. Zárate
Camino Nuevo de Peligros s/n 18210 Peligros (Granada)
Impreso en España - *Printed in Spain*

Índice

INTRODUCCIÓN

Es una verdad reconocida universalmente que todo aquel amante de las historias de época con una cuenta de Netflix a su alcance ha caído rendido ante los líos amorosos de la alta sociedad británica. Y estarás pensando... ¿Esa no es una cita de *Orgullo y Prejuicio?*

Estás a punto de adentrarte en un libro escrito por alguien que ama el romance, las historias de época, al señor Darcy y ese cliché de ficción actualmente conocido como *enemies to lovers*. Culpo enteramente a las novelas con portadas de hombres semidesnudos que siempre he visto en las estanterías de mi madre. ¡Gràcies, mama!

Si estás leyendo esta página es porque has caído ante el dulce y embriagador atractivo de *Los Bridgerton*, la exitosa serie de Netflix que ya tiene dos temporadas. Esta familia de la alta aristocracia británica se ha convertido en una de las series más vistas desde su estreno en 2020. Yo la consumí de un tirón, hice un *one shot* impresionante aquella tarde.

Consiguieron cautivar al público con un excitante, melodramático e innovador romance de época. Su fama llegó con elogios y abucheos por igual, y ambos llevaron la serie a lo más alto. Cualquier gran éxito está sujeto a críticas de todo tipo, y esta serie abrió un debate muy interesante: ¿Qué ocurre cuando modernizamos el siglo XIX?

Y es que, la verdad sea dicha, *Los Bridgerton* es una serie de época con muchas libertades históricas. Pero eso no quiere decir que no se inspire en lugares, personajes y costumbres reales. La modernización de la historia no sentó bien a algunos, pero por otro lado permitió unas libertades ficticias y la creación de un mundo propio con mensajes sociales muy potentes.

Parece ser que la inclusión de razas en una sociedad blanca o las canciones *mainstream* de Ariana Grande (esta introducción la he escrito con una *playlist* de pop instrumental inspirado en *Los Bridgerton* de fondo) fueron algunos de los tópicos más comentados.

Todos los tracks de la serie.

Personalmente, a mí me parece muy acertada esa modernización, me encanta que gracias a esas libertades históricas la separación de razas no sea problema alguno y que las mujeres sean capaces de expresar lo mucho o lo poco que significa para ellas tener un marido. Aunque aquí va un secreto... Puede que algunas de estas libertades no estén tan lejos de la realidad.

Así que... sí, he empezado este libro con una cita de *Orgullo y Prejuicio* porque, para poder entender el éxito de *Los Bridgerton*, hay que volver a los clásicos del género romántico. Es muy probable que, sin las novelas de Jane Austen, este fenómeno literario y ahora también televisivo, no hubiese llegado a existir. Al menos, no de la forma en que lo conocemos hoy.

Deja que te lleve a dar un paseo por la Regencia, y que veamos qué tan lejos queda la historia de *Los Bridgerton* de la realidad de su época. ¡Es hora de volver al pasado!

Me pregunto qué escribiría lady Whistledown de todo esto...

HABLEMOS DE LOS BRIDGERTON

¿Quiénes son?

Anthony, Benedict, Colin, Daphne, Eloise, Francesca, Gregory y Hyacinth son los hijos del difunto vizconde Edmund Bridgerton y su mujer lady Violet Bridgerton, una familia de la alta aristocracia británica de inicios del siglo XIX.

La familia Bridgerton vive en una acomodada mansión del famoso y adinerado barrio londinense Mayfair, situado junto al también conocido y muy visitado Hyde Park. Es gracias al título nobiliario del difunto vizconde Edmund Bridgerton, que su familia se ha convertido en una de las grandes noblezas europeas. Y para nosotros, amantes de las historias de época, eso se traduce en bailes de gala, vestidos exquisitos y riqueza derrochadora. Quién diría que la vida exuberante y las penalidades de la alta nobleza británica podían ser tan interesantes.

Y es que la vida en la Regencia venía con muchas actividades de festejo –para los ricos, por supuesto–, pero también con muchas obligaciones ligadas a la familia, el círculo social, la reputación, el deber y, sobre todo, el género; la vida de los hermanos Bridgerton no es la misma que la de sus hermanas, pues las obligaciones de una señorita a principios del 1800 eran muy distintas a las de un señorito.

Los Bridgerton nos cuenta los enredos amorosos y las inquietudes más íntimas de los hermanos de esta familia. Mientras que el romance se cuela en sus vidas –muchas veces, de la forma más inesperada– nos hablan sobre la importancia del deber, la responsabilidad y los propios deseos en una sociedad de hace 200 años donde la reputación lo era todo. Repito, todo.

El cotilleo es y ha sido un pasatiempo universal tan antiguo como la vida misma. En 1813, cuando viven nuestros Bridgerton, el cotilleo llega del boca a boca y los escándalos de la alta sociedad se prenden como pólvora una vez vuelan libres. Pero ¿qué ocurre cuando se publican, periódicamente y de forma anónima, unos panfletos chismorreando sobre la vida de todos los nobles de la ciudad?

Romance, melodrama, humor y mucha ficción son algunos de los ingredientes que conforman *Los Bridgerton*. Todo empieza con la hija mayor, Daphne, y el meticulosamente planeado amorío con Simon Basset, duque de Hastings.

Daphne es la visión más clara que tenemos de una joven de inicios del siglo XIX. Dedicada a sus obligaciones, siguiendo siempre las normas sociales, cumpliendo con los deseos de la familia... Daphne, lejos de sentirse obligada, ansía ese romance de ensueño que aprendió de sus padres.

Cuando la hija mayor de los Bridgerton entra en edad de ser presentada en sociedad –o siendo más directos, de buscar marido–, cumple con su papel a la perfección. Lo que no esperaba es que el guapetón, aunque reacio al matrimonio duque de Hastings, se cruzase en su camino. Su inocencia choca de inmediato con la realidad, desmontando esa fantasía que tanto ansiaba.

Mientras el tórrido romance entre Daphne y Simon avanza, simultáneamente conocemos otros personajes, otras familias de la alta aristocracia británica y otras historias que nos abren la puerta a una fuente de información tanto ficticia como real de cómo era vivir en la época de la Regencia. En este libro repasaremos algunas de ellas y descubriremos en qué momentos, acontecimientos y personajes históricos reales se han inspirado. Pero primero... ¿de dónde salen los Bridgerton?

LOS ORÍGENES DE SU HISTORIA

Una obra de ficción

Como muchas de las series y películas actuales que tanto nos gustan, sus historias en realidad provienen de la literatura. *Los Bridgerton*, aunque muchos los conocen por la exitosa serie de Netflix que propició su despegue al mundo entero, en realidad nacen de la imaginación de Julia Quinn, una escritora nacida en Nueva York con una pasión inmensa por las historias románticas de época.

Julia Quinn, aunque de nombre real Julie Pottinger, es una escritora de novela romántica estadounidense. Julia tiene unos inicios de escritura muy significativos y rebeldes, pues apenas empezar la adolescencia se encontró con que en casa no le dejaban leer las novelas que a ella le gustaban. Ante tal prohibición, la joven Julia desafió las normas de su familia, en especial las de su padre, y prometió escribir un libro ella misma.

Y así lo hizo. Tardó tres años, pero terminó el libro, aunque nunca llegó a ser aceptado en ninguna editorial. Eso no desanimó a Julia, por supuesto, ya que años más tarde sus novelas han acabado en la lista de libros más vendidos del *New York Times*, convirtiéndose en una escritora de *best sellers* y llegando a ser comparada con la mismísima Jane Austen.

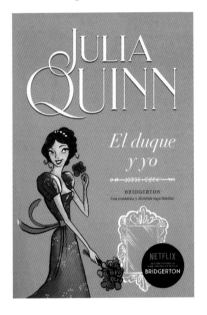

Y así fue como en el año 2000 Julia Quinn publicaba *El duque y yo*, la que sería su primera novela Bridgerton. La historia de la familia aristócrata Bridgerton es en realidad una saga de ocho novelas protagonizadas, cada una de ellas, por un hermano o hermana distintos. Los libros se inspiran en la época de la Regencia, en una Inglaterra de principios de 1800 que tiene como foco la nobleza británica del momento.

¿Es Julia Quinn la Jane Austen del siglo XXI?

Pues muchos la consideran como tal, puesto que sus historias se inspiran en obras como *Orgullo y Prejuicio* o *Emma*. Aunque no sé si la Jane Austen Society estará de acuerdo con esto... A decir verdad, las historias de Jane Austen, especialmente novelas como *Orgullo y Prejuicio* han sido las impulsoras de la novela romántica tal y como la conocemos hoy en día. Elisabeth Bennet y el señor Darcy son dos personajes icónicos que han influenciado en gran medida los clichés de las historias románticas de época; protagonistas que se detestan, se atraen y finalmente se enamoran, diferencias sociales, guerras de poder y la aceptación de los defectos de uno mismo y de los demás. El *enemies to lovers* en todo su esplendor.

Nuestra querida Jane se centraba más en la nobleza rural inglesa que ella misma vivió en su época, mientras que Quinn ha escogido llevarnos a una de las metrópolis más conocidas y concurridas del mundo –incluso ya por el 1800–, y hablarnos de la nobleza urbana y todos sus enredos más extravagantes.

Las novelas Bridgerton por orden:

- ❀ *El duque y yo*
- ❀ *El vizconde que me amó*
- ❀ *Te doy mi corazón*
- ❀ *Seduciendo a Mr. Bridgerton*
- ❀ *A sir Phillip, con amor*
- ❀ *El corazón de una Bridgerton*
- ❀ *Por un beso*
- ❀ *Buscando esposa*

Las novelas de Julia Quinn son una exageración fantasiosa del romance, además de otros elementos de la época. Sus historias nos llevan a un mundo que aun y no siendo de color de rosa, está repleto de diálogos empalagosos, situaciones repipis y melodrama. Y, para qué mentirnos, eso nos encanta.

Las influencias literarias de la época

Las historias de duques, condes y vizcondes llevan cautivando a un público objetivo durante siglos. Por no hablar de los príncipes, los *highlanders* escoceses o los hombres toscos pero muy adinerados que no sabemos muy bien qué hacen. Todos ellos al final tienen una cosa en común: la heroína de la historia siempre consigue enamorarles. Y es que, ¿a quién no le gusta una buena historia de amor?

Las novelas románticas –especialmente las históricas– llevan cautivando a sus lectores desde hace por lo menos 200 años. Fue alrededor del 1740 cuando un escritor inglés llamado Samuel Richardson publicaba la que sería la primera novela romántica titulada *Pamela*.

La novela nos relata la historia de una joven humilde que entra a trabajar a la casa de un «señorito» de la época, el cual queda embelesado por ella. Claro que… el concepto de romance que tenían en esa época queda muy lejos del que conocemos ahora. El supuesto «señorito» de la novela de Richardson intenta seducir a la protagonista de manera insistente y obsesiva. «¿A qué mujer no le gusta que la secuestren como muestra de amor?» Supondremos que Richardson estaba atascado en la toxicidad romántica del momento…

No sorprende que, precisamente en los tiempos contemporáneos que vivimos, esas historias de amor con capas y capas de vestidos y un lenguaje más bien poético, cautiven todavía más al público. Parece que, cuanto más lejos queda la época, más interés despierta. Aunque el concepto de romance evolucione, los cortejos cambien y las señoritas deseen mucho más que un marido, las historias románticas siguen sumando lectores.

En tiempos de Jane Austen

¡Dato curioso!

A inicios de 1820, en Inglaterra, surgen las *Fashionable Novel* o *Silver Fork Novel*, pequeñas novelas escritas por nobles y para nobles que describían la vida de la alta sociedad británica. Estaban basadas en relatos de testimonios reales con tintes ficticios para darle más jugo a la historia. Había claras referencias a la gente del momento, y se describían las relaciones matrimoniales como forma de entretenimiento. Vamos, lo que viene siendo un *Lecturas* de hoy en día.

Si buscamos las obras inglesas más destacadas de inicios del siglo XIX, sin duda, tenemos que hablar de Jane Austen. *Los Bridgerton* empieza su historia en el año 1813, el mismo año en que se publicó por primera vez *Orgullo y Prejuicio*. ¿Casualidad? No lo creo.

Mansfield Park y *Emma*, dos de las obras más conocidas de Austen, también se publicaron en los dos años siguientes. Se podría decir que *Los Bridgerton* viven en tiempos de Jane Austen. Y es que, la narrativa de Julia Quinn también nos lleva a los enredos familiares, a la búsqueda de uno mismo y al amor verdadero. Quinn es una neoyorquina a la que le quedan muy lejos las callejuelas

Jane Austen en un retrato de la época.

históricas de Londres. Es gracias a esa literatura romántica y absorber el romanticismo de época inglés, que decide escribir las ocho novelas de la familia Bridgerton.

Pero la joven Austen no es la única autora de esos tiempos. Mientras los hermanos Bridgerton se dedican a la búsqueda del amor y la felicidad, unos futuros autores británicos acaban de nacer, como Charles Dickens en 1812, mientras que otros autores de renombre ya correteam por sus mismas calles. Como es el caso de Mary Shelley, la conocida escritora de uno de los monstruos de la literatura más famosos, *Frankenstein o el moderno Prometeo*.

Mary tenía la corta edad de 16 años el mismo año que Daphne Bridgerton debuta en su primera temporada en busca de marido. Sería cinco años más tarde que publicaría *Frankenstein*, su famosísima novela gótica que sigue fascinando al público. Así, podemos decir que los Bridgerton, dentro de su mundo ficticio, tienen la oportunidad de ser testigos del nacimiento de obras literarias trascendentales.

Mary Shelley, autora de la famosa novela gótica *Frankenstein* o *el moderno Prometeo*.

Algunas autoras no tan conocidas hoy en día tuvieron su momento durante la Regencia, llegando a influir en la sociedad y desafiando las normas establecidas del momento. Una de ellas es Mary Robinson, conocida también como «Perdita». Aunque Mary fue conocida por ser la primera amante del príncipe Jorge IV, también fue una exitosa actriz y escritora de la Regencia. Su vida es muy interesante, pasando de estar en una de las clases sociales más bajas a codearse con

Mary Robinson Perdita.

Hannah More.

la alta aristocracia británica. Mary publicó varias novelas de tono feminista bajo distintos seudónimos, incluso público un ensayo sobre el feminismo, un escrito bastante arriesgado para la época.

Otra escritora con ideas y pensamientos que no correspondían con la sociedad de la época era Hannah More. Hannah tuvo una buena educación durante la infancia ya que sus padres eran profesores. Con los años, Hannah fue perfeccionado su escritura, llegando a escribir poemas, dramas y funciones muy reconocidas en la época. Su primer escrito era una ficción que hablaba de la importancia de la educación en la mujer. Hannah era una persona muy religiosa que vivía una vida conservadora, aunque algunas de sus ideas eran bastante liberales para la época.

Durante su vida conoció y se hizo muy amiga de políticos y escritores del momento con ideas revolucionarias, como la abolición de la esclavitud. Hannah se unió a la campaña antiesclavitud de un gran amigo suyo y publicó varios escritos criticando los modales y la moral de las clases más ricas. Era una mujer admirada tanto por las clases altas como por las bajas, llegando a influenciar incluso en algunos miembros de la casa real. Hannah no lo tuvo fácil a la hora de hablar y proponer ideas a favor de ayudar a los más necesitados y de proporcionar una educación igualitaria a todas las clases sociales, pero como todas las demás, abrió una pequeña puerta a los derechos humanos y a la bondad.

The Bluestocking Circle

El Círculo de las Medias Azules (me encanta el nombre) fue una sociedad de pensadores, filántropos, escritores, artistas y músicos que se reunía para hablar y conversar de manera educada sobre temas intelectuales y que fomentasen la educación, sobre todo, la de la mujer.

En realidad, fue un círculo creado por mujeres, pero ambos sexos eran más que bienvenidos. La motivación inicial de crear este círculo literario fue proporcionar a las mujeres un lugar donde aprender, donde nutrirse de sabiduría y poder hablar al mismo nivel que los hombres. Estos *meetings* creaban un ambiente relajado donde la idea era que las personas pudiesen abandonar por unas horas las obligaciones impuestas por la sociedad.

Los invitados y miembros del círculo iban en contra de las modas materialistas y caprichosas del momento. Por eso, podían atender a las reuniones del *bluestocking circle* en ropas cómodas y en las que se sintiesen ellos mismos. Opinaban –como la joven Mary Bennet en *Orgullo y Prejuicio*–, que una velada estimulante consistía en mantener conversaciones intelectuales tomando un buen té en vez de asistir a bailes o jugar a las cartas pegados a una botella.

El Círculo de las Medias Azules fue fundado en 1750 por mujeres adineradas que podían permitirse preparar estas reuniones educativas en sus casas señoriales. Inicialmente, la palabra *bluestocking* hacía referencia a una mujer intelectual. Más adelante se refería a cualquier hombre o mujer que formara parte de este círculo literario. Pero por desgracia, con el tiempo, la palabra se degradó hasta hacer referencia a una mujer que sabía demasiado, que era poco femenina y le interesaban cuestiones de hombres. Es decir, una mujer con estudios y conocimiento intelectual.

Tres de las mujeres más famosas que regentaron este círculo fueron Elisabeth Montagu, Frances Boscawen y Elisabeth Vesey. Las tres poseían salones literarios en sus propias casas y es allí donde reunían a todos los miembros para las reuniones del Círculo. Cada una tenía su manera de gestionar las reuniones, una prefería situar las sillas en círculo para poder hacer partícipe a todo el mundo; otra prefería que cada uno se juntase en pequeños grupos para hablar de temas varios; otra simplemente preparaba sillas y mesas por la sala para quien desease sentarse a charlar. Muchas personas influyentes y de carácter intelectual o artístico pasaron por este círculo, y una de estas personas fue Hannah Moore.

Si hablamos de novelistas, también debemos conocer a Catherine Hutton, una escritora que, ya por inicios del 1800, usaba la técnica de las cartas para contar sus historias. Catherine era una experta y amante escritora de cartas, ¡en su vida reunió más de doscientas! Por eso, en novelas como *The Miser Married* utilizó ese formato para escribir la obra. Catherine tuvo amistad con personajes como el mismísimo Charles Dickens o el descubridor del oxígeno Joseph Priestley. Además, escribió distintas piezas de periodismo y una extensa historia sobre las reinas de Inglaterra. Una escritora de pies a cabeza en una época donde no se pudo valorar de verdad su talento.

Por último, y como no podía ser de otra manera, debo mencionar a la incomparable lady Caroline Lamb, hija de un conde angloirlandés que fue autora de algunas novelas góticas y poemas con tintes de desamor. Fue mayormente conocida en su vida por empezar el que sería el romance más comentado públicamente con el también escritor y figura pública del momento, Lord Byron. Caroline y Byron serían dignos personajes de *Los Bridgerton*.

Lady Caroline Lamb

Lady Caroline, a la edad de veinticuatro años, estaba casada con el segundo vizconde de Melbourne, cuando en 1812 conoció al popular, mujeriego y romántico Lord Byron. Se conocieron en un evento social y se dice que Caroline despreció de entrada sus atenciones. Aunque no tardó en cambiar de opinión y escribir una dulce carta admirando a Byron. Este, movido por el estatus de la joven, decidió cortejarla.

¡Aquí empieza lo bueno! Según dicen, ambos se criticaban vilmente en público mientras que se procesaban un amor prohibido en la intimidad. Como si de enemigos mortales se tratase, aparentaban desprecio el uno hacia el otro, pero luego vivían su apasionado romance en secreto. Aunque todo lo bueno se acaba, el romance entre Byron y Caroline terminó de mala manera, abriendo paso a una disputa totalmente pública,

Desde marzo a agosto de 1812, lady Caroline se embarcó en un romance con Lord Byron.

de la que toda la aristocracia del momento fue testigo. Ambos publicaban sus escritos hablando mal del otro, como hacen los cantantes de hoy en día cada vez que sacan un nuevo hit, pero en este caso, en plena Regencia.

Caroline era una escritora que firmaba con seudónimo, como la mayoría de mujeres de la época. Mucha gente estaba al corriente de a quién pertenecían esos relatos, pues los personajes eran un vivo reflejo de ella misma y de Byron, como se puede apreciar en su novela gótica *Glenarvon*. A pesar de las pullas que contenían las novelas de lady Caroline y el rechazo por parte de los críticos literarios del momento, *Glenarvon* fue un éxito que vendió varias ediciones, y hasta fue reconocida por el novelista y dramaturgo alemán Johann Wolfgang von Goethe como un libro digno de la literatura seria. ¡No podía terminar este libro sin mencionar a Caroline Lamb!

Amor, desamor, igualdad, crítica, cotilleos y mucho drama envuelven algunas de las obras más célebres de inicios del siglo XIX. Eso es exactamente lo que nos propone la serie de *Los Bridgerton*.

LOVE NEVER PLAYS BY THE RULES.

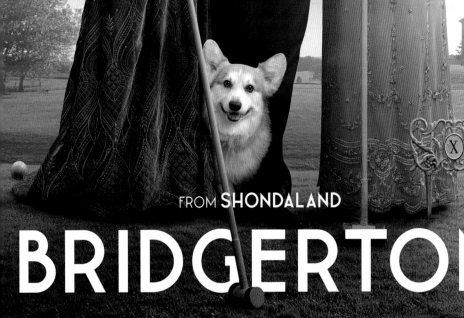

FROM SHONDALAND

BRIDGERTON

MAR 25 | NETFLIX

Y ENTONCES LLEGÓ NETFLIX

Netflix, la plataforma de *streaming* que junto a HBO y Disney Plus mantiene uno de los mayores rankings de audiencias y suscriptores – aunque la gente insista en despotricar de ella–, ha sido el conductor de muchas novelas adaptadas a la pantalla. La plataforma no solo apuesta por contenido original, sino que se vale de las adaptaciones literarias con una *fanbase* ya consolidada para crear su propio universo en la pequeña pantalla.

Veamos algunos ejemplos recientes como *The Sandman*; la serie fantástica de Neil Gaiman, *Heartstopper*; la novela gráfica LGTBI de Alice Osman, o *Anne with an 'E'* de la famosísima novela de Lucy Maud Montgomery: *Ana de las tejas verdes*.

Sé que la nueva versión de *Anne with an 'E'* es muy querida y tiene muchos fans. Pero lo siento mucho, a mí nadie me saca de la química entre Megan Follows y Jonathan Crombie en *Anne of Green Gables (1985)* y sus posteriores películas. *¡Enemies to lovers* en estado puro!

En la navidad solitaria y un tanto desoladora de 2020, en medio de la pandemia y confinados en nuestras casas, Netflix estrenó la serie que revolucionó las redes. Fue entonces cuando llegaron *Los Bridgerton*.

¡Y menuda entrada triunfal! La serie llegaba tímida, pero con la cabeza bien alta, así como su protagonista Daphne Bridgerton en su presentación ante la reina. Se colocó en el número uno de series más vistas de la plataforma en la primera semana después de su estreno. ¿Qué tenía *Los Bridgerton* que cautivó tanto a la gente?

Entre *Orgullo y Prejuicio* y *Gossip Gir*l

La serie, de entrada, nos recuerda a la famosísima serie norteamericana protagonizada por Blake Lively y Leighton Meester: *Gossip Girl*. Y es que, ¡a quién no le gusta el cotilleo!

No solo nos presentan una serie de época, con un tórrido romance y trapicheos sociales de la nobleza británica. Sino que nos introduce a un mundo donde las normas raciales y el papel de la mujer se desvían bastante de la realidad de su época. Decisiones que fueron mayoritariamente aplaudidas y aceptadas, pero que por otro lado trajeron una cascada de críticas que abrieron debates, algunos de ellos, bastante interesantes.

¿Inclusión de razas en el siglo XIX? Un escándalo. ¿Mujeres fuertes y de decisiones claras? Inaceptable. ¿Hombres machistas y manipuladores? Y es que *Los Bridgerton* tampoco se han librado de las críticas por sus personajes machistas y su romance tóxico. Dentro de todos los juicios negativos que ha recibido la historia, este es el que más llama la atención, pues precisamente la adaptación de Netflix nos muestra una Regencia mucho más feminista que la verdadera.

Esas fueron algunas de las reacciones del público al que le chocó ver una serie basada a principios de 1800, pero donde sus personajes no encajaban ni de lejos con la conducta y las formas de pensar de la época. Te estarás preguntando, ¿tanto difiere la serie de la realidad?

Las libertades históricas de la serie

Como casi toda película o serie de época, se toman ciertas libertades a la hora de contar acontecimientos históricos; ya sea en la vestimenta, en la escenografía o en el propio comportamiento de los personajes. Esos pequeños cambios pasan desapercibidos para la mayoría, pero parece ser que para la «policía de Twitter», como los llama la autora Julia Quinn, no cayó muy bien esa transformación de la época.

La historiadora María Elvira Roca considera que «estamos forzando a la realidad a encajar conforme a unos moldes en los que no puede encajar», según cuenta en una entrevista para *El Independiente*. La historiadora opina que «esto forma parte del fenómeno generalizado de adanismo, que es una forma de inmadurez extremadamente peligrosa en el que uno cree que puede cambiar todo aquello del mundo que no le gusta»

Críticos como María Elvira Roca ven a *Los Bridgerton* como una creación infantil y problemática que nos hace olvidar la realidad tal y como ocurrió históricamente. Consideran que no cumple con el compromiso histórico que debería, sobre todo al tratarse de una serie de época; personajes del siglo XIX que actúan como personas del siglo XXI, rompiendo las reglas de la realidad.

Ramón Campos es un guionista y productor español en Bambú Producciones. Campos cuenta que cuando empezó a ver *Los Bridgerton* y apareció la reina Carlota por primera vez, le chocó la idea de una reina negra en plena Regencia, pero que una vez superada esa sorpresa, disfrutó de la historia sin que ese cambio afectase su visionado.

¿Sabías que...?

En las historias de época hay mucha más libertad para indagar en la ficción y crear un universo que nos permita tomar decisiones sin estar ligados a la verdad. Y es que una serie histórica no es lo mismo que una de época. La histórica nos puede hablar de un suceso, contexto o personaje histórico verdadero, nos cuenta un acontecimiento en la historia siendo lo más cercano posible a la realidad. Por otro lado, tenemos las series de época, las preferidas por los amantes de la romántica. Y es que, en este caso, la trama no tiene por qué ceñirse a un contexto histórico verdadero.

El productor hace una distinción que considero muy importante incluir en el debate de si es correcto alterar la realidad de este modo. Campos comenta: «La serie histórica sí tiene una "obligación" de respetar la veracidad, pero la serie de época no».

Los Bridgerton es una serie de época, basada en unas novelas de ficción, con personajes –en su mayoría– inventados. Como bien dice Campos, «no hay ninguna promesa en *Los Bridgerton* de que se vaya a contar una historia real». Eso quiere decir que dependerá de cada uno juzgar si es un cambio significativo o no –teniendo en cuenta que hablamos de ficción–, y de si a pesar de ello se puede disfrutar de la historia que nos cuentan. Llámense libertades o errores, hay que tener en cuenta que hablamos de ficción.

Netflix escribió el guion de *Los Bridgerton* con una mirada muy contemporánea. Todos sabemos que no había duques o vizcondes negros en la alta aristocracia británica de inicios de 1800, pero ¿importa eso cuando hablamos de una historia de romance melodramático y humor ligero?

En las novelas originales, los personajes son todos europeos

> ## ¡Dato curioso!
> Una de las primeras lecciones que aprendes en la escuela de cine es que en la ficción todo es posible siempre y cuando se encuentre dentro de unos parámetros coherentes. Es decir, cada mundo o universo dentro de una ficción se rige por unas normas, mientras esas normas tengan coherencia dentro del contexto ficticio de la historia, el lector o espectador debería creérselo.

blancos, no hay inclusión de razas y se respeta más la veracidad histórica. Al preguntarle a la autora qué pensaba ella de esos cambios en la pequeña pantalla, Quinn dijo que «refleja la sociedad tal y como debería ser».

Julia Quinn comenta que ya le advirtieron del aluvión de críticas que podrían caerle si incorporaban esos cambios, pero la serie de Netflix permitía construir un universo para los Bridgerton que representara la sociedad de la forma que siempre debería haber sido. Aunque, efectivamente, la controversia llegó y muy rápido.

La controversia

¿Una reina negra?

Como he comentado antes, en la ficción, por mucho que lo sepamos, las cosas no pasan sin ninguna razón. Cualquier decisión, buena o mala, ya sea relacionada con los personajes o la trama, debe estar justificada para que el espectador crea en la historia que se le está contando.

Es ahí donde los creadores de la serie, entre ellos Chris van Dusen y Shonda Rhimes con su productora Shondaland, deciden hacer el cambio tan significativo de inclusión de razas en la alta sociedad londinense del siglo XIX.

Los Bridgerton no incluyen a la raza negra como parte noble de la sociedad sin motivo ni explicación como muchos puedan pensar. Si bien es cierto que se crea un universo ficticio muy alejado de la realidad de la Regencia, este universo Bridgerton se rige por unas normas bien marcadas que le dan cierta credibilidad al contexto de su sociedad.

Carlota de Inglaterra interpretada por Golda Rosheuvel.

La inclusión de razas en la serie se debe a un personaje en concreto, probablemente el personaje que más controversia ha creado dentro de la S.A.H.T: sociedad anónima de historiadores de Twitter (me entraron ganas de ponerles mi propio nombre). Parece que todo el mundo es un experto en la Corona real británica, y cuando la serie presentó a su reina Carlota de Inglaterra protagonizada por Golda Rosheuvel, una actriz negra, se desató la locura.

En pleno siglo XXI y que todavía nos sorprendamos y enfademos con la inclusión de ciertas personas en el mundo del cine y la televisión –en historias ficticias–, es un tanto desolador. ¡Pero aquí viene lo mejor! Puede que ese cambio no fuese tan históricamente erróneo.

Los orígenes africanos de la reina Carlota de Inglaterra

¿Quién era Carlota de Inglaterra? Antes de convertirse en monarca del Reino Unido, Carlota ya era una dama de buena posición, además de duquesa por descendencia de su padre. Carlota nació en Alemania, fruto del matrimonio entre el duque alemán Carlos Luis Federico y la princesa Isabel Albertina, siendo la octava hija en una familia de diez hermanos.

La reina Carlota estuvo particularmente interesada en la artes durante su mandato.

Tuvo una infancia llena de abundancia y rodeada de su familia. Pero la vida de la joven Carlota cambió significativamente al cumplir los diecisiete años. Y es que, tras la muerte de su padre y su hermano mayor, la familia acabó perdiendo gran parte de sus tierras. Antes de que todo se fuese a pique, decidieron buscar un matrimonio ventajoso para Carlota y así salvar la riqueza y patrimonio de la familia.

Y así fue como en 1761 Carlota llega a Gran Bretaña para casarse con el joven rey Jorge III y seguidamente convertirse en reina de Inglaterra. Lo de casarse con un heredero al trono suena más que ventajoso para salvar a la familia... Aunque sabiendo que el hombre con el que te vas a casar está supuestamente enamorado de otra, tuerce un pelín las cosas.

Se dice que Jorge estaba enamorado de lady Sarah Lennox, la joven hija de un duque, y que la idea de casarse con Carlota –una mujer según él no tan agraciada y a la que conoció el mismo día de su boda–, no es que le hiciese mucha gracia. Pero aun casándose por conveniencia, y siendo fuera de lo común en la monarquía del momento, Carlota y Jor-

¿Sabías que...?

Para Carlota, la educación de las mujeres era fundamental, incluso procuraba que sus hijas recibiesen la mejor educación muy por encima de la que estaba establecida para ellas en esa época.

ge tuvieron un matrimonio feliz del que nacieron nada más ni nada menos que 15 hijos.

La reina Carlota ha despertado mucho interés durante años, no solo por sus inquietudes creativas, como ser la alumna de Johann Christian Bach, ni por su amor por la botánica, ayudando a establecer los Jardines de Kew en Londres, o por involucrarse en organizaciones sociales fundando orfanatos y un hospital para mujeres embarazadas.

Pero lo que ha llamado la atención de los historiadores durante todos estos años, han sido las raíces africanas de la monarca. Si nos fijamos en la mayoría de sus retratos en aquella época, Carlota aparece como una mujer de piel blanca y mejillas sonrosadas. Son los retratos de un artista en concreto los que nos revelan esas raíces negras.

Sir Allan Ramsay fue un pintor retratista escocés con mucha pasión por el arte, además de un destacado abolicionista; Allan estaba en contra de la esclavitud y hacía campaña notoriamente a favor de su abolición. El pintor hacía retratos de las personas más célebres del momento, entre ellos los reyes de Inglaterra. Es en sus retratos de la reina Carlota donde podemos ver su descendencia africana.

Carlota era descendiente de la familia real portuguesa, específicamente de una rama procedente de África. La monarca era considerada por algunos como «mulata» por sus rasgos africanos, y muchos, como sir Allan Ramsey, la veían como un símbolo de libertad para la comunidad negra. De hecho, el artista enfatizaba especialmente sus rasgos mulatos en los retratos con la idea de mandarlos a las colonias americanas.

Los retratos de sir Allan Ramsey fueron de los supuestamente más honestos

> **¡Dato curioso!**
>
> Ramsey quería que la monarca se convirtiese en la imagen de campaña para acabar con la esclavitud; si la reina de Inglaterra pertenecía a la comunidad negra, ¿cómo podían permitir esa crueldad? De hecho, en ciudades cómo Charlotte, en Estados Unidos, logró convertirse en ese símbolo de libertad tan deseado.

en cuanto al aspecto de Carlota se refiere. Dicho esto, algunos historiadores contradicen esta información, por lo que, por ahora, solo siguen siendo suposiciones con trazos de información que podría llegar a corroborar esa idea.

Volviendo al siglo XXI, con la entrada de Meghan Markle a la familia real británica, el rumor de que Inglaterra ya había tenido una reina con raíces negras volvió a resurgir. Y es que, si el color de piel de la reina Carlota no afectó en su reinado, ¿por qué debería hacerlo el del personaje de *Los Bridgerton*? Aunque a muchos les moleste, los creadores de la serie hicieron de un dato histórico la realidad de una serie de ficción.

El contexto histórico en *Los Bridgerton* queda muy lejos de la realidad, pues en 1800 el racismo formaba parte de la sociedad. Pero ¿hasta qué punto?

El racismo de la época

Curiosamente, es a mediados de 1800 cuando se impone el racismo –o más bien su significado– tal y como lo conocemos hoy en día. Por el 1813, donde viven nuestros protagonistas de *Los Bridgerton*, el concepto de «racismo» todavía no estaba implantado en la sociedad. La diferencia social entre razas todavía no había sido analizada ni estudiada, por lo que nadie se refería a esa exclusión y discriminación como «racismo».

Eso no quiere decir que no existiera, por supuesto. El racismo se ha impuesto desde hace siglos. Esa insistencia en discriminar y agredir una raza o cultura considerándola inferior y sin valor no era nada nuevo en 1800, pero nadie había ido en busca de esa razón ni había dado nombre a tal fenómeno.

En 1853 Arthur de Gobineau publicó el *libro Ensayo sobre la desigualdad de las razas humanas*, considerado la obra inicial de la ideología racista. El filósofo se convirtió en el «padre» del racismo moderno. Y aunque sus publicaciones y teorías estaban fuertemente influenciadas por el propio racismo interiorizado de su época, fueron la vía que abrió camino al estudio del fenómeno de la discriminación de razas.

Para Arthur de Gobineau, la mezcla de razas significaba la decadencia de las civilizaciones, afirmando que solo la «raza pura» tenía el poder de mantenerlas a flote. ¡Hummm...! esto me suena. Decía que las ganas del ser humano por expandir y conquistar habían llevado a la descendencia de mestizos, siendo imposible mantener las civilizaciones de «pura sangre» in-

¿Sabías que...?

Fue Joseph Arthur de Gobineau, un filósofo francés, quien decidió indagar en las causas de esta discriminación de razas y quien finalmente le dio nombre. Arthur se basaba en la historia y la naturaleza para explicar el nacimiento, la muerte y la continuidad de las distintas razas humanas. ¡Ojo! Aunque fue de las primeras personas en indagar en este problema, su teoría seguía realzando la raza blanca como la más pura, inteligente y noble de todas. Vamos, que una de cal y otra de arena.

tactas. La «raza de los triunfadores» como la llamaba él, era tan avanzada que se dejaba guiar por el egoísmo y esas ganas de expansión la llevaban a mezclarse con razas extrañas.

En 1800, los negros, asiáticos y cualquier otra etnia que no fuese la blanca, eran consideradas inferiores. A inicios del siglo XIX, no era habitual ver gente de color formando parte de la aristocracia o en puestos de alto rango. El lujo estaba reservado solo para los blancos y para los ricos.

Y es que el racismo seguiría más vivo que nunca en los próximos años. Tanto es así que, a inicios del 1900, a solamente cien años de nuestro tiempo, existían los llamados «zoológicos humanos». Sí, es tan o más desgarrador de lo que suena. El fundador de los zoológicos humanos fue el domador y director de circo alemán, Carl Hagenbeck.

Estos zoos estaban por toda Europa y exhibían –como si de

En 1900 existían los llamados «zoológicos humanos».

Carl Hagenbeck's Galla-Truppe.

un zoológico de animales se tratase– a personas de otras etnias y razas fuera del continente europeo; ya fuesen tribus africanas, indígenas mexicanos u otras culturas consideradas primitivas y salvajes por los europeos. Niños, jóvenes, adultos y ancianos de otras etnias se paraban delante de los visitantes para el entretenimiento, asombro y burla. Parece mentira que lugares así existiese hace menos de cien años, por suerte en los años treinta empezó su decadencia.

Entonces, es fácil deducir que, a inicios de 1800, durante la Regencia, Inglaterra era un país racista como cualquier otro, y no había cabida para negros o personas de otras razas en su sociedad, más que para el puro entretenimiento de la aristocracia. Y es que, más adelante en este libro descubriremos que el deporte SÍ permitía admirar de algún modo a personas de la comunidad negra. Además, se les brindaba la oportunidad de que pudiesen hacerse un hueco –aunque solo fuese en un pequeño círculo– en la sociedad.

Durante los años en que Carlota de Inglaterra fue reina, nacieron muchas organizaciones en contra de la esclavitud en América. Teniendo en cuenta la enemistad y tensiones que había entre británicos y estadounidenses en esa época, los británicos se negaban a abolir la esclavitud. Incluso Jorge III, del que se dice que nunca tuvo ningún esclavo, se negó durante muchos años a aceptar esa abolición. Fue a raíz de prometer la libertad de los esclavos negros en tierras americanas a cambio de luchar en el ejército británico, que finalmente abolió la esclavitud en el Reino Unido, prohibiendo la trata de esclavos.

La inclusión de razas en la serie

En *Los Bridgerton*, tanto en su primera temporada como en la segunda, podemos ver personas de distintas razas y etnias como parte de la nobleza británica. En la primera temporada sobre todo, hay una buena cantidad de personajes negros con papeles importantes.

Simon Basset y Daphne Bridgerton.

Kate Sharma, interpretada por la actriz Simone Ashley.

Entre ellos está Will Mondrich –de quien hablaremos más adelante–, un personaje muy interesante al que le da vida el actor Martins Imhangbe y que no forma parte de la alta aristocracia, pero que nos muestra un pedacito de historia con su trama.

Para la segunda temporada, los creadores deciden dar visibilidad a otra raza y cultura: Kate Sharma es el personaje femenino protagonista de esta temporada y, no, no es una mujer blanca británica, es una mujer india en busca de un marido para su hermana. El personaje de Kate está interpretado por la actriz Simone Ashley y, aunque rompen con la realidad de una mujer india de la época, eso nos permite conocer a un personaje fuerte y decidido.

Con la inclusión de personajes indios, la serie nos da una pequeña pincelada de tradiciones hindúes, haciendo honor a las raíces de sus personajes que, aun estando en un país lejano y muy distinto al suyo, siguen manteniendo sus costumbres.

¿Conoces la ceremonia Haldi?

En la segunda temporada de *Los Bridgerton*, podemos ser testigos de esta tradicional ceremonia hindú. Kate, Edwina y su madre lady Mary realizan este ritual en la vigilia de la boda de Edwina, pero ¿qué significa?

Es un evento que se celebra la noche o la misma mañana antes de una boda. Consiste en mezclar cúrcuma –la especie de cocina que en la India también tiene utilidad en ritos religiosos y es importante para su cultura–, con agua, creando una clase de pasta de color amarillo.

Esta pasta de cúrcuma se esparce sobre el cuerpo del novio y de la novia para bendecir, purificar y desear prosperidad en su nueva vida juntos. Como parte de la ceremonia, también es costumbre cantar canciones tradicionales que están relacionadas directamente con el ritual.

Las mujeres Sharma de la serie pasan por alto algunos detalles de la ceremonia. Ninguna de las tres lleva puesto un sari, el vestido tradicional indio que se debería llevar durante el ritual. Tampoco está presente Anthony, el novio, quien sin ser conocedor de tal tradición, pasa su noche antes de la boda bebiendo con sus hermanos.

https://www.youtube.com/watch?v=CljydAMye9w

¿Cómo es posible esa inclusión?

Aquí viene la clave de lo que he estado hablando. La gran justificación que explica por qué es posible que en los inicios de 1800 en Inglaterra no haya rastro de racismo ni exclusión de razas, es gracias al cambio en el personaje de la reina.

Aprovechando las raíces africanas de Carlota, la serie incluye a una reina negra que cambia el trascurso histórico racial en el universo Bridgerton. En la serie nos cuentan que es, gracias al matrimonio entre Jorge III y Carlota, que se consigue poner freno a la discriminación de razas, incluyéndolas como parte de la sociedad, en cualquier ámbito y clase social. Podríamos decir que es la visión del retratista Allan Ramsay volviéndose realidad, con un mundo sin esclavos y donde la raza negra pueda estar en igualdad de condiciones que la blanca.

Hemos hablado de razas, etnias y la ideología racista imperante en la época en contraposición con la de la serie. Pero hay muchos más cambios que han generado controversia dentro del universo Bridgerton.

El papel de la mujer

No voy a sorprenderte –sí, a ti, que estás leyendo este libro–, si te digo que el papel de la mujer a inicios de 1800 ya fuese en Inglaterra, España, la India o la Conchinchina, estaba muy por debajo al del hombre. La mujer ha vivido en la sombra durante siglos, bajo el mandato del «hombre todopoderoso» que se creía –y cree todavía en muchas ocasiones– superior en cuanto a físico e inteligencia.

En pleno siglo XXI todo esto nos suena a bla, bla, bla. Pero a inicios del siglo XIX había un convencimiento colectivo que daba por hecho que el hombre sí era superior a la mujer y que, por ende, era él quien decidía sobre todo tipo de cuestiones.

Los deseos, sueños y aspiraciones propias debían de entrar dentro de esos parámetros y una mujer soltera viviendo su vida plenamente estaba muy, pero que muy mal vista.

Muchos y muchas se preguntarán, ¿cómo podían aguantar eso? Las mujeres de hoy en día, sobre todo en países avanzados y con recursos, no aguantarían –y me incluyo– vivir en una sociedad plenamente patriarcal. Pero las mujeres de esa época no conocían otra cosa, y culparlas o frustrarse con su manera de pensar no nos ayudará nunca a entender la importancia del cambio.

¿Sabías que...?

La idea de la superioridad del hombre sobre la mujer venía avalada por la Iglesia. ¡Sorpresa! Pues las instituciones cristianas tenían el convencimiento de que la mujer debía estar confinada a los deberes de la casa, los hijos y la obediencia de su marido. Aunque la Iglesia no era la única, los médicos de la época –quienes no tenían unos conocimientos tan avanzados de medicina– convencían a la sociedad de que las diferencias entre hombre y mujer eran significativas, tanto por su físico como por su inteligencia, la mujer siempre se hallaba por debajo.

Los Bridgerton se centra, principalmente, en mujeres de clase alta, pero tenemos algún que otro destello de cómo era la vida de aquellas mujeres de clase media o baja y todas las artimañas que tenían que buscarse para poder sobrevivir. Y es que, si queremos hablar de la mujer de inicios de 1800, debemos hacerlo de todas ellas.

Las mujeres desempeñaban labores que los hombres consideraban poco relevantes.

La clase baja, a inicios del siglo XIX, vivía en unas circunstancias poco más que desfavorables, y las mujeres, condenadas al cuidado de la casa, no tenían las oportunidades de trabajo ni los medios para poder vivir. Esta situación era similar para cualquier mujer fuera de la clase social que fuera, pero sin una familia rica que te mantuviera, no había posibilidades de tener una vida digna.

La obligación y obsesión por casarse, los matrimonios concertados y la búsqueda de un marido rico, no era más que un método de supervivencia para la mujer de siglos pasados.

Puede que para las familias significase una unión de bienes, de negocios y cualquier otro tipo de trapicheo que elevase su estatus. Pero para la mujer, dependiente completamente del hombre –ya fuese un padre o un marido–, casarse era en muchos casos, su única opción. Las mujeres de clase baja, pobre o simplemente obrera se buscaban la vida lo mejor que podían.

Mujeres trabajadoras

Eran escasos los trabajos legales y honrados para las mujeres. Podían ser niñeras, institutrices, cuidadoras, trabajadoras textiles, enfermeras, trabajadoras en hogares de la alta aristocracia, sirvientas, criadas… ¿Ves por dónde voy? Estaban resignadas a trabajos que los hombres consideraban poco relevantes y que casualmente ellos no querían desempeñar.

Las mujeres que vivían en el campo trabajan las tierras, cuidaban los animales y se ocupaban del negocio o granja familiar, además del cuidado de los hijos y el de su marido. Por último, existía el trabajo resignado a aquellas mujeres de pobreza extrema, normalmente sin familia, que la única solución que tenían era vender su cuerpo por dinero. El conocido «oficio más viejo del mundo».

La prostitución, obligada o por necesidad, era muy común a inicios del siglo XIX. Ya fuese en burdeles o en la calle, las mujeres

Ilustración de Thomas Rowlandson, pintor y caricaturista satírico.

encontraban en el negocio sexual una escapatoria –dura, pero escapatoria de todos modos– del infierno de encontrarse en la calle sin nada.

La clase alta era un sinfín de ironías y contradicciones, pues mantenían a sus mujeres –madres, hermanas y esposas– bajo un manto blanco de pureza y autocontrol, donde el acto sexual solo existía para la reproducción. Mientras, los hombres frecuentaban los burdeles y pasaban las noches con mujeres de la calle a las que consideraban indecentes e impuras.

La mujer artista

Entre los oficios considerados como honrados y la prostitución, existía un sector proveniente de la Antigua Grecia que siempre ha conseguido dar de comer, de un modo u otro, a aquellos de aspiraciones artísticas: el entretenimiento.

Otro de los oficios al que algunas mujeres con talento podían aspirar, era el del artista. Ya fuesen modelos, cantantes, actrices o bailarinas, las mujeres con alguna clase de talento artístico –sobre todo sobre el escenario– podían llegar a tener cierta independencia financiera. Seguían sin ser vidas honradas para la sociedad del momento, pero les permitía alejarse de las calles y a algunas –las más talentosas y reconocidas–, les permitía codearse con la alta sociedad en busca de nuevas oportunidades.

Pero volvamos a *Los Bridgerton*. Un gran ejemplo de esto lo podemos ver en la primera temporada de la serie. Mientras la inocente y desinformada Daphne descubre el mundo de la sexualidad y el amor junto a Simon, su hermano mayor Anthony,

¿Sabías que...?

A inicios del siglo XIX las oportunidades para las mujeres artistas crecían con rapidez, y en España –¡sí, en España!–, en la Academia de Bellas Artes de Cádiz, se creó el primer curso de pintura para señoritas. Fue tal el éxito de este curso que incluso las instituciones artísticas de Londres decidieron incluirlo en sus academias de arte.

el cabeza de familia que mayor ejemplo debe dar bajo la obsoleta mirada de la alta sociedad londinense, se pasa las noches con Siena Rosso, una cantante de ópera de pocos recursos.

Siena es el personaje perfecto para entender cómo era la vida de «la mujer artista» de la época. Una cantante de ópera que se aferra al cariño y oportunidades que un vizconde como Anthony puede ofrecerle. Y es que, ser bonita y cantar bien solo puede llevarla hasta cierto punto y por un tiempo determinado. Como las demás mujeres de su época, Siena debe buscar un marido de buena posición que le asegure un futuro estable una vez su corta vida de artista, termine.

La mujer *freelance* del siglo XIX

Como mujer *freelance* en pleno 2023 me pregunto cuáles eran las dificultades de las mujeres del 1800 para poder abrir un negocio, si es que eso siquiera les era posible.

Como ya hemos comentado antes, a inicios del siglo XIX apenas había oficios considerados honrados y al mismo nivel que los del hombre. Pero ¿qué ocurre con los negocios? ¿Podía una mujer abrir su propia empresa en plena Regencia?

Los negocios capitaneados por mujeres eran los burdeles, las casas de mujeres y como excepción, los negocios a nombre de sus maridos donde ellas podían llevar las riendas y tomar decisiones. Es curioso –y por curioso quiero decir exasperante–, que aquellas tareas de casa consideradas «cosas de mujeres», luego fuesen puestos de trabajo importantes a los que solo podían acceder los hombres: cocineros, doctores, modistas, escritores...

Por suerte, el mundo evoluciona y aunque la sociedad londinense de inicios de 1800 solo quería la mujer en casa, todavía había algunos espíritus libres que perseguían sus sueños. Un claro ejemplo de esto lo vemos en el personaje que interpreta Kathryn Drysdale en *Los Bridgerton*, la modista Genevieve Delacroix.

La modista Genevieve Delacroix, interpretada por la actriz Kathryn Drysdale.

Madame Delacroix es la modista de los preciosos vestidos que llevan las chicas Bridgerton durante la serie. Es una mujer de origen incierto con un dudoso acento francés que intenta sacar su negocio adelante. Pero ¿había de verdad modistas con sus propios negocios?

Pues aun haciendo frente a las dificultades impuestas por los hombres de la época, a inicios del XIX creció la demanda de ropa «a la moda» por parte de la aristocracia y empezaron a surgir las primeras *freelance* del siglo. El personaje de Madame Delacroix puede estar inspirado en modistas reales del momento como Madame Lanchester, también conocida como «La misteriosa Madame Lanchester», una mujer de la Regencia con mucho talento para la confección de ropa, pero a la que la vida no dio las oportunidades que le hubiera gustado.

Madame Lanchester

Las influencias feministas en la serie

En *Los Bridgerton* se saltan muchas de las prohibiciones y normas sociales para la mujer de la época. Es una serie con una mirada feminista a la Regencia que ha estado bastante criticada.

Si se basa mucho en la realidad resulta machista, pero si modernizamos las actitudes y valores de la época es todo muy falso. ¿Soy la única que ve la ironía en esta discusión? Y es que, es gracias a ese feminismo de la serie que nos permite introducir unos personajes femeninos que varían mucho en personalidad, motivación y toma de decisiones. ¡Y ojo al dato! Sus miedos y deseos representan los de una gran variedad de mujeres.

Daphne Bridgerton es una chica de familia, dada a los deberes matrimoniales y a seguir las normas y conductas del momento. Pero lejos de hacerlo por complacer a los demás, nos dan un personaje que, aunque algunos la han definido como «chapada a la antigua», realmente es una chica que nos permite, contraponiéndola con otros personajes femeninos de la obra, tener la visión de una mujer que desea formar su propia familia.

Sí, se puede ser fuerte y empoderada y a la vez desear tener una familia, encontrar el amor y tener hijos. Ese es de hecho uno de los conflictos de la serie, Daphne ansía ser madre, pero Simon no se atreve a darle ese deseo.

Contraria a Daphne está Marina Thompson, la prima lejana campesina de la familia aristócrata Featherington. La señorita Thompson está embarazada, pero sin apenas recursos para ella misma y con una familia que en cualquier momento la puede dejar tirada, necesita buscar un marido antes de que el embarazo sea evidente. Marina no muestra felicidad por ser madre, de hecho, muy al contrario, abortar es una opción muy viable para ella.

Dos mujeres con deseos y necesidades muy distintas, pero ambas influenciadas por la situación social del momento.

La homosexualidad

Benedict Bridgerton interpretado por el actor Luke Thompson.

La identidad sexual de algunos personajes de la serie ha despertado una curiosidad feroz entre el público. Todos tienen los ojos puestos en el posible *queerbaiting* de *Los Bridgerton*. Y todo es debido al misterio detrás de la sexualidad de Benedict Bridgerton.

Según las novelas de Julia Quinn, Benedict es un hombre heterosexual que se enamora de una joven de pocos recursos esclavizada por su madrastra. Esa es la historia de «Te doy mi corazón», donde transcurre el romance de este personaje. Pero parece ser que la serie podría tentar a una trama un poco distinta.

En la primera temporada, Benedict se hace amigo de Henry Granville, un pintor de renombre al que descubre teniendo relaciones sexuales con otro hombre. Teniendo en cuenta la sensibilidad del personaje y sus inquietudes artísticas, muchos han encasillado a Benedict como el prototipo de hombre homosexual, alimentando las distintas posibilidades de su sexualidad.

¿Sabías que...?

El *queerbaiting* es un fenómeno muy común actualmente en la ficción, ya sea televisiva o literaria, donde los creadores desarrollan y venden una posible relación homosexual dentro de la historia. Los personajes –normalmente hombres– crean una unión y amistad más cercana de lo común, insinuando sentimientos que luego no resultan en nada. Así como una posible confusión de identidad sexual que termina no siendo cierta. De esta forma, las producciones atraen a una mayor cantidad de público.

¿Sería demasiado moderno incluir una historia homosexual con final feliz dentro de la Regencia? Es curioso, pues si las normas raciales han cambiado en el universo Bridgerton, por qué no iban a hacerlo las de la comunidad LGTB. Lo cierto es que, con lo poco que nos han mostrado, parece que ser homosexual en la ficción de los Bridgerton sigue estando mal visto por parte de la sociedad, y cambiar ese conflicto en una temporada de ocho capítulos, resultaría un trabajado arduo para los guionistas. ¡Pero no imposible!

Teniendo en cuenta que la novela de Benedict es básicamente una versión de la *Cenicienta*, un cuento que hemos visto ya cien mil veces en todo tipo de historias románticas, podría ser que Netflix y la productora

¡Dato curioso!

En palabras del actor Luke Thompson que interpreta a Benedict Bridgerton: «podría ir en cualquier dirección». El actor se ha pronunciado ante este debate. Según comenta en una entrevista Luke estaría encantado de seguir cualquier dirección que los guionistas decidan, añadiendo que Benedict es un personaje muy abierto a todo tipo de caminos.

de Shondaland se atrevieran a incluir un personaje que muestre la realidad de mucha gente y nos dejasen ver una relación homosexual a inicios del siglo XIX. Eso sí, ¡con final feliz!

No sería un camino de rosas para Benedict, pues la homosexualidad en esa época estaba mal vista e incluso castigada. Vamos a ver a lo que realmente se enfrentaría el personaje en la vida real.

La Inglaterra homosexual durante la Regencia

A inicios del 1800 la homosexualidad o la práctica de relaciones sexuales entre personas del mismo sexo estaba prohibida y castigada, a veces incluso con la muerte.

En la época de la Regencia, las personas homosexuales o transgénero vivían una vida escondida, una vida de secretos y miedo a las represalias. Aunque hoy en día las siglas LGTBIQ+ representan a distintas identidades sexuales dentro del colectivo, durante la Regencia se tenía constancia solamente del hombre gay, la mujer lesbiana y la persona transgénero o transexual.

Cada una de esas sexualidades era vista, reconocida y castigada de un modo distinto. Ninguna lo tenía fácil, pero los hombres son los que más se castigaba bajo el cargo de sodomía en aquel entonces. Era imposible vivir su vida con naturalidad, por eso debían buscar otras formas fuera de los parámetros sociales aceptados en aquel momento. Había varias maneras de hacerlo, pero una de las más conocidas eran los burdeles *queer*.

Las Molly Houses

Las famosas *Molly Houses* británicas de principios del 1800 eran, traducidas al español, «Casas de maricas». Eran lugares en locales secretos donde los hombres podían encontrase con otros hombres y, entre otras cosas, practicar sexo. Dicho esto, también eran lugares seguros donde la comunidad LGTB de la época podía reunirse sin fachadas ni tapujos.

En aquel momento la prostitución masculina estaba en auge, y las *Molly Houses* eran el lugar idóneo para practicarla. Era muy común ver a hombres transexuales en estas casas, muchas veces formaban parte del equipo de trabajadores sexuales del local.

En las *Molly Houses*, los hombres podían tener citas con otros hombres.

Aunque estos «clubs» se encontraban en lugares secretos, normalmente escondidos tras establecimientos, eran bastante conocidos por la sociedad británica del momento. Tanto así que la policía construía picotas cerca de estos establecimientos para ahorrar tiempo –había que ser práctico, supongo...– y así mandar un mensaje amenazante a los «*mollies*», un aviso de lo que les esperaba si acudían al lugar. Tristemente, era bastante común ver a hombres en esas picotas, pues la policía los arrestaba con frecuencia.

¿Sabías que...?

El nombre de «Molly Houses» venía de la palabra despectiva que se usaba en la época para referirse a un hombre homosexual. «Gay» era un término muy utilizado en el vocabulario británico y no tenía ninguna connotación relacionada con la homosexualidad. El insulto homófobo más común del siglo XIX era mollies, y su equivalente más cercano al español sería «maricas»

Las *Molly Houses* eran frecuentadas por todo tipo de hombres, especialmente por nobles; hombres casados –con mujeres, por supuesto–, de buena posición y con hijos. Para mantener su

> ## ¡Dato curioso!
> Hay poca información sobre las personas transgénero de la época, la transexualidad era tan común –aunque ilegal– y por distintos motivos, que ha sido complicado de diferenciar entre ambos. Los hombres transexuales eran en muchos de los casos, transgénero. Las mujeres, aunque las había que vestían ropas de hombre por identificarse con el sexo masculino, también había muchas otras que lo hacían por necesidad de escapar las restricciones de género.

estatus y no despertar sospechas, vivían una vida en familia, heterosexual y cumpliendo con las normas sociales de la época. Pero estos clubs o burdeles *queer* permitían una escapatoria de la realidad injusta y ofrecían a estos hombres la posibilidad de conocer gente como ellos, la sensación de pertenecer a un colectivo que todavía tardaría bastantes años en consolidarse y reivindicar sus derechos.

La camarilla de la calle Vere

En 1810 la policía de Londres hizo una redada en la «casa de maricas» de la calle Vere convirtiéndose en una de las detenciones a hombres homosexuales más duras y comentadas, no solo del momento, sino de la historia de la comunidad homosexual de Inglaterra durante el siglo XIX.

El *White Swan* o «Cisne blanco» era una *molly house* muy famosa en la calle Vere. Algunas personalidades de la época eran visitantes frecuentes del lugar. También era conocido por las ceremo-

> ## ¡Dato curioso!
> Los matrimonios entre personas del mismo sexo han existido desde hace siglos. Los egipcios, la Antigua Grecia o la dinastía Zhou (1046) en China, fueron testigo de matrimonios y uniones homosexuales tanto por motivos políticos, económicos, como sentimentales. ¿Adivinas a partir de cuando se introduce un pensamiento plenamente homófobo en estos lugares? Así es, cuando aparece la fe cristiana.

nias de matrimonios homosexuales que realizaba el reverendo John Church, uno de los primeros hombres pertenecientes a la Iglesia del que se conoce su implicación con el colectivo.

El Cisne blanco apenas había estado en funcionamiento unos meses cuando el 8 de julio la policía recibió un chivatazo y se llevó a cabo la redada. Veintisiete hombres fueron detenidos por sodomía, delito con el que se castigaba a las personas homosexuales en aquellos años.

Tras pasar los juicios, solo ocho hombres fueron condenados y castigados a la picota. Por si la situación no fuese ya suficientemente desgarradora, parece ser que la locura y odio colectivo se dieron a gran escala ese día. La calle de Haymarket, en el distrito de St. James se abarrotó de una multitud muy violenta. Los condenados eran atacados con infinidad de objetos y otras barbaridades.

La camarilla de la calle Vere.

¡Lanzaban gatos muertos! Había un despliegue tremendo de policía para –no te lo pierdas– proteger a los «criminales» de la histeria colectiva. Resumiendo, se lió una muy gorda. Ninguno de los veintisiete detenidos fue sentenciado a muerte, pero sí hubo dos ahorcamientos unos meses más tarde.

A inicios de 1800 el miedo a las represalias entre los hombres gais y la falta de un sentimiento de comunidad y pertenencia, llevaba a muchos de ellos a delatar a otros con tal de librarse del castigo. Así fue como Thomas White, un joven de 16 años y John Hepburn, un hombre de 46, fueron condenados a muerte por delito de sodomía. Por lo visto, otro chico que trabajaba en el *White Swan* delató a Thomas, confesando que el joven mantenía relaciones sexuales con John.

Ninguno de los dos hombres estuvo presente en la *molly house* el día de la redada, pero aun así fueron colgados en la horca.

También te digo, lo preocupante de este caso no es que haya dos hombres teniendo sexo, tanto escándalo por el género cuando quizá el problema estaba en la edad...

El lesbianismo

Hemos visto cómo afectaba la ley homosexual a los hombres y las personas transexuales a inicios de 1800. Pero ¿qué ocurre con las mujeres? La homosexualidad estaba prohibida para todos, sin importar el género, pero la mirada sobre las relaciones entre mujeres era bastante distinta.

El lesbianismo estaba considerado, en muchos casos, como una fuerte muestra de afecto y cariño entre dos mujeres. Algo así como «¡eran súper amigas!». Además, aunque fueran perseguidas y llevadas a juicio por sodomía, la condena no era ni la mitad de dura que la de los hombres. Incluso muchas veces eran absueltas de los cargos. ¿Por qué esa diferencia entre sexos? ¿Qué había de distinto en las relaciones entre mujeres? Pues la respuesta reside –como casi todo en épocas pasadas– en el machismo.

La mujer de la Regencia no tenía más remedio que encontrar un marido y casarse. Esa era su obligación y si no la cumplía se vería sola, sin dinero o juzgada como una solterona amargada por la sociedad. Que una mujer renunciase al matrimonio con un hombre, se revelara ante todo y se fuese a vivir junto a otra mujer, era un hecho improbable para las autoridades del momento.

Los hombres, por otro lado, disfrutaban de una libertad monetaria y social, con un derecho a decidir que era difícil de controlar. La mujer era pura, dócil y obediente, el contacto sexual o el romance con otra mujer no era más que una señal de amor y amistad, una distracción que no podían tener por mucho tiempo.

El hombre era juzgado por sus libertades, mientras que la mujer era más o menos absuelta porque ya se la tenía atada de otro modo. Lo que al principio parecía una señal de libertad para las lesbianas de la época, no era más que una conducta machista y controladora.

«La primera lesbiana moderna»

Hubo mujeres que rompieron con esos esquemas controladores de la época. ¡Por supuesto que las hubo! Hay poca información recopilada, los nombres son más bien escasos, pero se tiene constancia de mujeres que llegaron a vivir fuera del matrimonio con un hombre, viviendo una vida plena y en libertad con otras mujeres.

Una de ellas se ganó el título de ser la primera lesbiana –conocida– del siglo. Ella era Anne Lister, una joven británica que dedicó su vida a sus tierras, al alpinismo y la escritura de diarios, los cuales han servido para tener constancia directa de la propia Anne sobre su sexualidad.

Anne no le tenía miedo al éxito, aunque sí recibió acoso por ser homosexual. Vivió su vida y su sexualidad abiertamente; vestía ropas más masculinas, de colores oscuros y sin ornamentos ni accesorios típicos de mujer. Lejos de esconderse, Anne consiguió llevar una vida guiada por sus propias decisiones y sentimientos.

Fue una de las primeras mujeres en contraer matrimonio con otra mujer, al menos, de forma pública. Anne se casó con Ann Walker, otra terrateniente como ella. Ambas mujeres intercambiaron anillos y tomaron la comunión juntas como rito nupcial, ya que legalmente no podía estar reconocido. Y como cualquier otro matrimonio, vivieron, viajaron e hicieron vida en pareja hasta la muerte de Anne a los 49 años.

¡Dato curioso!

Anne Lister escribía sobre su vida cotidiana en diarios. Hablaba de los viajes, su trabajo, sus preocupaciones con las finanzas y por supuesto, de su vida privada. Pero aquellos detalles más íntimos o de carácter más escandaloso para la época, los escribía utilizando un código que combinaba álgebra y griego antiguo. ¡No fue hasta 1930 que consiguieron descifrar sus diarios!

¿Cómo es posible que estas dos mujeres vivieran una vida independiente y libre de expectativas sociales en pleno siglo XIX? Pues como todo en la vida, el dinero y la educación fueron, en gran medida, su escapatoria.

Anne recibió una educación un poco más avanzada que la normal para una niña

> **¿Sabías que...?**
>
> Anne era conocida como «Señor o Caballero Jack», apodo que la gente de su ciudad utilizaba para referirse a ella. Pero ese no era su único apodo masculino, pues su esposa Ann la llamaba «Fred».

de la época. Gracias a esa educación, Anne pudo encargarse más adelante de las tierras que heredó de su tío, adentrándose en un mundo de hombres y sobreviviendo como una más. Esas tierras fueron las que le permitieron vivir una vida más o menos acomodada y libre de obligaciones de género. Su pareja Ann, también hija de terratenientes, heredó su parte de las tierras de sus padres y con los beneficios de ambas tuvieron una vida plena.

Las señoritas de Llangollen

Por mucho que nos esforcemos en entender cómo vivía la gente de otras épocas, lo cierto es que, cuanto más lejos, más especulamos. Durante años se han escondido relaciones homosexuales detrás de frases como «eran muy buenos amigos/as» o «mantenían una muy buena amistad». Historiadores influenciados por la sociedad homófoba han obviado la sexualidad de muchos hombres y mujeres de importancia histórica.

Pero parece ser que, en estos momentos, también nos encontramos con gente que afirma y especula sobre la identidad sexual de personajes históricos. Con pruebas o sin pruebas, hay muchos que prefieren sacar sus propias conclusiones sobre la vida de alguien de hace más de 200 años. Y ese es precisamente el caso de las conocidas señoritas de Llangollen.

Sara Ponsonby y Eleanor Butler fueron dos damas que fascinaron y escandalizaron por igual a muchas celebridades de la época. Ambas eran de origen irlandés y formaron parte de la alta aristocracia británica.

Las señoritas de Llangollen

En aquel entonces, una mujer vivir sin un marido solo podía deberse a casos de viudedad, herencia monetaria y de tierras o los casos excepcionales donde la propia mujer decidía apartarse de los parámetros sociales establecidos para ellas.

Sara y Eleanor se conocían desde muy jóvenes, y cuando entraron en edad de ser presentadas en sociedad, ambas decidieron que no serían esclavas de un hombre y no sucumbirían a un matrimonio forzoso. Con esa idea en mente, se mudaron a Inglaterra y gracias a las ayudas del gobierno y el dinero solidario de sus amigos, vivieron en una casa de campo junto a Mary, la sirvienta de Sara, durante más de cincuenta años.

Ambas mujeres tenían gran afición por el arte y la literatura y, con el tiempo, construyeron una librería en su casa que sería testigo de reuniones culturales con personajes muy prestigiosos del momento. Incluso la reina Carlota pidió a Jorge III visitar a las dos mujeres de vida tan inusual.

Había mucha especulación, la misma que ahora, en cuanto a la relación de Sara y Eleanor. Un periódico incluso publicó un artículo afirmando que

¡Dato curioso!

Se cree que las señoritas de Llangollen se encontraban bajo un «Matrimonio de Boston», una frase nacida en Estados Unidos que definía aquellos hogares donde dos mujeres solteras y de altos ingresos vivían juntas, escapando así de matrimonios de conveniencia con hombres que no deseaban y ganando más independencia.

mantenían relaciones amorosas y sexuales. Ellas, escandalizadas con el artículo, tomaron medidas judiciales. Muchos historiadores consideran que tenían una relación amorosa, mientras que otros creen que eran dos mujeres que deseaban independencia y vivir sus vidas con cariño y amistad.

Lo cierto es que, al contrario que con otros personajes históricos como es el caso de Anne Lister, no hay ningún indicio –carta o prueba– que confirme una relación amorosa entre Sara y Eleanor. Es imposible determinar qué clase de relación mantenían; si eran dos mujeres que se amaban y desafiaron a los tiempos homófobos del momento, o si eran dos mujeres independientes que vivían en armonía y amistad bajo el mismo techo.

HABLEMOS DEL CONTEXTO HISTÓRICO

El período de la Regencia

Hemos hablado mucho de la Regencia. Regencia esto, Regencia lo otro... Pero ¿qué es exactamente el período Regencia?

Aunque a muchos les pueda sorprender, no, no es un género literario ligado al romance. La Regencia se halla entre la época georgiana y la victoriana, con las que se suele confundir. Y es que los años en los que trascurre este período son un poco confusos.

La Regencia transcurre entre los años 1811 y 1820, cuando Jorge IV, el hijo del rey Jorge III, es nombrado príncipe regente de Reino Unido. Su padre padecía ciertas enfermedades mentales y físicas que le provocaban severas alucinaciones, haciendo que desvariara. Me da que lo de llamar a las mujeres «pavos reales» en medio de un discurso importante en la Corte hizo saltar las alarmas...

El Consejo y Parlamento de Inglaterra tardaron dos años en ponerse de acuerdo sobre cómo proceder. Jorge III no podía abdicar ni aunque quisiera. ¡Ojo! Y definitivamente no quería, todavía en ese tiempo conservaba momentos de lucidez y era consciente de lo que ocurría a su alrededor. Así que debían pasar todas

La Regencia transcurre entre los años 1811 y 1820, cuando Jorge IV es nombrado príncipe regente.

las responsabilidades reales del cargo a su hijo de manera oficial, pero sin ser nombrado rey.

En 1811, tras perder la cabeza por completo a causa de la muerte de su hija preferida, Jorge III es despojado de todos sus cargos y el príncipe Jorge IV se convierte oficialmente en príncipe regente, adoptando las responsabilidades del monarca. Habrán de pasar nueve años hasta que con la muerte de Jorge III en 1820, su hijo herede finalmente el título de rey de Inglaterra.

Y os estaréis preguntando ¿la época de la Regencia dura tan solo nueve años? Bueno, si hablamos de años en los que hubo un rey regente, entonces sí. Pero la época de Regencia es mucho más que meras cuestiones políticas y monárquicas. Eso sería, sinceramente, muy aburrido. Hay un término que describe mucho mejor la popularidad de esta época; y es que, una cosa es la era Regencia y otra muy distinta «el estilo Regencia».

El príncipe Jorge IV, conocido como «el primer caballero de Inglaterra» o también por su apodo «Prinny», fue muy famoso en la época por su gran derroche de dinero, fiestas extravagantes y un pésimo instinto militar. Puede que el rey acabase perdiendo la cabeza, pero conocía los caprichos y conducta de su hijo mejor que nadie, prediciendo que otorgarle poder a un hombre como él solo traería problemas.

El príncipe regente era un hombre odiado por unos y querido por otros. ¡Incluso la mismísima Jane Austen sentía cierta antipatía por él! Se cree que es esa vida de excesos y egoísmo

¿Sabías que...?

Tal y como nos muestran en *Los Bridgerton*, el rey Jorge III tuvo que ser encerrado y aislado del mundo por culpa de su enfermedad. Cuando se trata de la reina, esos son los únicos momentos dramáticos que la serie nos muestra de ella. Y es que, Carlota, quien contra todo pronóstico tuvo un matrimonio feliz, cuidó de su marido hasta la muerte de éste.

El rey Jorge III

¡Dato curioso!

Digamos que Jorge IV no era todo lo elegante y correcto que se esperaba del príncipe heredero de Inglaterra. Tenía un pequeño «problema» con el dinero, y es que la palabra «ahorrar» no existía en su vocabulario. Tan es así que cuando en 1780 el Parlamento decidió aumentar su salario, el rey Jorge III lo consideró «un vergonzoso despilfarro de dinero público para satisfacer las pasiones de un joven malaconsejado.»

que llevó lo que hizo que la joven Jane no lo soportase. Si creías que Jane Austen no podía ser más genial, espera a enterarte de que, al terminar *Emma*, uno de sus libros más famosos, el príncipe pidió «el honor» de tener una copia del libro firmada por ella, a lo que Jane, sin poder rechazar las órdenes reales, escribió:

«A su Alteza Real el Príncipe Regente, este trabajo está, con el permiso de su Alteza Real, dedicado muy respetuosamente a su Alteza Real por su humilde y obediente servidor, el Autor».

Las palabras son poderosas y Jane más que nadie sabía cómo utilizar el ingenio para plasmar el desdén que sentía por el príncipe en su propia dedicatoria.

Pero los excesos de Jorge IV no fueron lo único que marcó su vida y, por ende, la época de la Regencia. El príncipe fue quien, gracias a su vida más bohemia y repleta de nuevas sensaciones, instauró en el Reino Unido un nuevo movimiento social y cultural convirtiéndose en una época gloriosa para la historia británica.

Es una época donde nacen nuevos movimientos artísticos, literarios, arquitectónicos, musicales y tecnológicos. Todos ellos engloban el «estilo Regencia», haciendo que la época se expanda desde el año 1795, cuando el príncipe Jorge cumple la mayoría de edad, hasta 1837, cuando la reina Victoria asciende al trono dando comienzo a la famosa época victoriana.

Pero la era Regencia no era todo romance y lujos como vemos en la literatura y el cine. Hay una parte más oscura y tormentosa que daba lugar al mismo tiempo en que el país parecía florecer. Ciertos altercados históricos manchan la época de Regencia de sangre, asesinatos y crisis económicas.

¡Ojo al dato!

A veces de lo malo surgen cosas buenas, y es que el príncipe Jorge no fue el único encargado de marcar una época tan importante como la Regencia. Napoleón Bonaparte –sí, el mismo– mientras se peleaba con media Europa, también traía con él nuevas ideas no divulgadas en aquel momento, como la libertad de culto, la fraternidad o la división de poderes. También ayudó a aumentar la edad escolar gratuita para los niños (porque las niñas seguían fregando los suelos en casa) y trajo conceptos y modelos arquitectónicos de la Antigua Grecia y Roma que influenciaron tremendamente en los edificios y el estilo masculino de la época.

Las Guerras napoleónicas dieron comienzo en 1812, justo un año antes de que conozcamos a los personajes de los Bridgerton, obligando a muchos hombres de distintas clases sociales a atender el servicio militar. Además, hubo un asesinato en la Cámara de los Comunes: el primer ministro Spencer Perceval fue asesinado por un comerciante de Liverpool, convirtiéndose en el primer y único primer ministro inglés en ser asesinado.

Napoleón Bonaparte trajo nuevos aires de modernidad a la vieja Europa.

Pero eso no es todo, durante la Regencia se vivió una devastadora pérdida de cosecha mundial, afectando también a Inglaterra con el conocido «año sin verano» en 1816; la industria textil tuvo un declive importante, aumentando la cifra de personas en desempleo, bajando los salarios y subiendo el precio de la comida.

Y por si tener a un pueblo hambriento, cansado y enfadado no fuese suficiente, el ahora rey Jorge IV denunció a su mujer, la reina Caroline, por adulterio. Intentó divorciarse justo antes

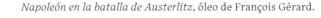

Napoleón en la batalla de Austerlitz, óleo de François Gérard.

de su coronación, pero un juicio público puso al descubierto las infidelidades y tejemanejes de los dos monarcas, haciendo que el público simpatizase más con la reina que con el rey. Parece ser que Jorge IV no aprendió nada del matrimonio feliz de sus padres.

Así nace esta época tan romántica: con el despilfarro de un joven príncipe con demasiado dinero a su alcance y las ideas alocadas de un sádico militar francés. Donde los ricos, la nobleza y las clases altas disfrutaban de un momento con grandes fiestas, salidas culturales y una vida de lujos, mientras los pobres eran cada vez más pobres, ahogados en la miseria y con un líder monárquico malgastando el dinero de los impuestos sin ningún miramiento.

La nobleza británica

En la Inglaterra de inicios de 1800 la diferencia entre clases era muy importante y estaba expresamente marcada. Era necesario saber en todo momento la posición de cada uno respecto a los demás. La igualdad solo existía entre la gente del mismo rango o posición, e incluso así había muchos matices a tener en cuenta para determinar quién tenía más poder o quién estaba por encima de los demás.

Los títulos nobiliarios determinaban el poder económico de cada persona.

El rango de los distintos títulos nobiliarios era una cuestión de suma importancia en aquel momento. No solo servía para indicar el lugar que debía ocupar cada persona o familia en el escalafón social, sino que también se utilizaba, por ejemplo, para saber dónde sentarse en una cena o quién debía entrar primero a una sala. Agotador... pero estrictamente necesario si habías nacido en plena Regencia.

Desde el nacimiento se enseñaba en qué posición quedaba la familia de cada uno y, por ende, el título con el que ya nacían o que heredarían algún día, sobre todo los hombres. Para las mujeres –sorpresa, sorpresa– siempre dependía del título del padre o del futuro marido.

Y digo yo, ¿servían de algo todos esos títulos nobiliarios? Sí, servían, pero en realidad no venían a cuento en lo más mínimo, eran títulos que determinaban lo cerca o lejos que quedabas de la monarquía, lo rico que eras y la cantidad de tierras que poseías. Aparte de eso, eran títulos a los que se les daba un poder bastante insustancial. Las clases bajas o pobres no poseían tal cantidad de títulos ni nombres, quizá es porque no había competencia para ver quién era más o menos pobre...

Todos hemos leído libros o visto películas de época donde aparecen duques, barones y marqueses, pero en muchos casos, la utilización de estos títulos no es correcta. O por lo general, no se profundiza y damos por hecho que un tal «marqués de no sé dónde» debe ser alguien importante. En *Los Bridgerton* utilizan más de un título nobiliario, ya que la mayoría de los protagonistas pertenecen a la alta nobleza británica. Hay condes, vizcondes, hijas de marqueses y mujeres de duques.

Títulos nobiliarios

La procedencia de cada persona en la sociedad británica de inicios de 1800 determinaba el poder y autoridad que poseían. Y dentro de esa procedencia está la nobleza británica. Los títulos nobiliarios se dividen en categorías, porque obviamente, unas son de más importancia que otras. En este libro vamos a ver los títulos nobiliarios de mayor rango, aquellos que entran dentro de la «Cámara de los Lores», vamos, la *crème de la crème*.

Por orden –muy reducido– de títulos nobiliarios: Duque, marqués, conde, vizconde y barón. Obviaremos la realeza ya que es

¿Sabías que...?

La mayoría de las producciones audiovisuales de época, históricas o bélicas contratan profesionales a los que se les denomina «asesores históricos». Estos asesores son los que se encargan de que el período histórico en el que transcurre la historia se acerque lo mejor posible a la realidad. Desde sucesos importantes, vestuario, comida, decorados, etc.

una categoría en sí, y por supuesto, la más alta de la lista. El rey es el que ocupa el lugar más importante siempre por encima de los demás, seguido por la reina y sus hijos. En *Los Bridgerton* no indagamos demasiado en la familia real, pero sí lo hacemos con el título nobiliario más alto después del de la realeza. ¡Empecemos con los duques!

¿Sabías que...?

Tener un título nobiliario venía con muchas ventajas, una de ellas: estar exento de juicios. Todas las personas que pertenecían a la «Cámara de los Lores» quedaban libres de ser juzgadas, al menos, en un juicio normal. Los duques, vizcondes y demás eran juzgados por la misma gente de la «Cámara de los Lores», quedando casi siempre absueltos de sus crímenes.

Quienes formaban parte de la Cámara de los Lores tenían inmunidad judicial.

«El duque y yo»

Cuando el apuesto duque de Hastings reaparece por Londres nada más empezar la temporada, la burbuja social británica está que arde. En cuanto a pretendientes se refiere, el duque es una de las mejores opciones para las jóvenes noblezas londinenses. Pero ¿por qué es tan importante el rango de Simon?

Puede que en la serie no especifiquen tanto el porqué del revuelo con el duque, pero ya os adelanto que, si lo que buscas es dar una buena posición social, Simon Basset es el hombre ideal para ello. Y no, no es solo por el físico espectacular del actor, sino que aquí, lo que realmente importa, es su título nobiliario: Duque de Hastings.

El duque es el rango más alto de la nobleza británica por debajo de la monarquía. Los ducados siempre se asocian a un lugar, en el caso de Simon, su ducado es Hastings, lugar de residencia de la familia de su padre. La mayo-

El duque de Hastings.

ría de los títulos nobiliarios son dados por la familia real como muestra de gratitud, y en el caso de ducados, son títulos que se otorgan a familiares o descendientes de la propia realeza. Una vez ese título se asienta en una familia, se hereda de padres a hijos mayores.

Los nobles de la Regencia poseían varios títulos, es decir que, un duque también podía ser marqués, vizconde y barón, todo al mismo tiempo. El título principal de duque permanecía como el más importante, pero al ser títulos obtenidos por distintas circunstancias y honores —y sacados bastante de la manga, la verdad— las familias los acumulaban a través de los años.

En aquella época solían tener bastantes hijos, y aunque todos ellos se beneficiaban de estos títulos y el poder que consigo otorgaban, solo los primeros hijos heredaban alguno de los títulos de su padre. El hijo mayor normalmente heredaba el segundo título, en el caso de hijos de duques, heredaban el título de marqués; el siguiente en nacer, heredaba el tercer título, el de conde y así correlativamente. Una vez los títulos se agotaban, los demás herederos solo conservaban el nombre de la familia.

Es difícil saber si en *Los Bridgerton* se rigen por las normas reales de la nobleza británica, ya que no especifican los rangos ni títulos de los padres de los protagonistas, pero nos quedaremos con que los títulos se heredan de padres a hijos.

¿Qué ocurre con las hijas de los duques? Las mujeres no podían heredar títulos nobiliarios, por lo que dependían siempre del título de su padre o el de su marido. Daphne es la hija mayor de los Bridgerton, así que su rango en la sociedad es el de «señorita Bridgerton». Una vez se casa con Simon, duque de Hastings, pierde el nombre de su padre para pasar a usar el de su marido y convertirse así en duquesa de Hastings.

«El vizconde que me amó»

Si la primera temporada de la serie nos habla de duques, la segunda nos adentra al mundo de los vizcondes. La familia Bridgerton es una de las más acomodadas de la nobleza londinense gracias al título que heredan de su padre, Edmund Bridgerton, el octavo vizconde Bridgerton. Pero al fallecer su padre, solo Anthony, el mayor, puede obtener el título de vizconde y heredar todas las responsabilidades sobre el título y sobre su familia.

Los vizcondes son el cuarto título más importante en la escala social, detrás de los marqueses y los condes. A diferencia de los duques, el título de vizconde no se asocia a un lugar; se asocia a un

¡Dato curioso!

El último capítulo de la primera temporada de *Los Bridgerton* se titula «El duque y yo» haciendo referencia al título de la novela original. Lo mismo ocurre en la segunda temporada con el capítulo titulado «El vizconde que me amó», que hace referencia al segundo libro de la saga.

nombre, normalmente el de la familia. En el caso de Anthony, su título es el de vizconde Bridgerton.

Por mucho que estos títulos fueran muy importantes en cuanto a temas legales, en conversaciones normales nadie se dirigía a un vizconde como «vizconde». Hay distintas formas de dirigirse a un vizconde o a una vizcondesa, y siempre dependerá de la cercanía con esa persona. Pero en el caso de que viajaras en el tiempo, acabases a inicios de 1800 y ya, a lo loco, tuvieses que dirigirte a un vizconde, te aconsejo que uses «mi lord». Es cordial, formal, pero amigable.

Aunque, por algún motivo, si eres mujer no es del todo adecuado dirigirse así a un vizconde... En caso de duda, haz lo que yo haría: simplemente empieza a hablar sin utilizar nombres.

¡Ojo al dato!

Cuando Daphne se casa con Simon, pasa a obtener un rango mayor al de toda su familia, ya que los duques están tres títulos por encima de los vizcondes.

Marqueses, condes y barones

Como ya hemos comentado, los títulos no eran más que la excusa perfecta para otorgar poder a alguien, la mayoría de las veces, sin venir a cuento. Es por eso que, con el paso de los años, algunos de estos títulos, aunque estén unos por encima de los otros, tienen el mismo significado. ¡Eso no quiere decir que el valor también sea el mismo! Aunque dos títulos se asocien de la misma forma, la jerarquía sigue imponiéndose.

> **¡Dato curioso!**
>
> Hay casos de títulos otorgados a personas a las que no se deseaba dar un rango muy alto, por lo que acaban con títulos de bajo poder simplemente por no caer bien a los demás; marqueses que deberían haber sido duques, o barones que deberían haber sido vizcondes. Un poco como quien reparte cromos solo a los amigos que les gusta.

Eso es exactamente lo que ocurre con el título de marqués y conde. Ambos se asocian a un lugar: «marques de...», «conde de...», como ocurre con los duques, pero un marquesado tiene más poder que un condado gracias a que ocupa el segundo puesto en el rango de precedencia. El conde ocupa el tercer lugar por encima del vizconde, y esa es en realidad la única PERO gran diferencia entre ambos títulos.

¡Duque, marqués, conde y vizconde son los títulos nobiliarios más importantes de la nobleza británica del siglo XIX. Pero ojo, porque existe otro título comúnmente utilizado que, aunque no tiene derecho a estar dentro de la «Cámara de los Lores», sigue siendo un rango bastante privilegiado.

Ese título es el de barón. Es el rango más bajo, quedándose al límite de la aristocracia. Un barón no se asocia a un lugar, en cambio, igual que ocurre con los vizcondes, el barón se asocia al nombre familiar. Por poner un ejemplo, si Anthony fuese barón en vez de vizconde, su título sería el de «barón Bridgerton».

Si querías formar parte de la alta aristocracia británica, ser barón era la última buena opción dentro de los títulos nobiliarios. Por debajo del barón ya no se considera aristocracia, en esos rangos podemos encontrar a los caballeros, las damas, los clérigos, abogados, otros ciudadanos de oficios reconocidos y la acomodada burguesía, entre otros.

Si la vida te da calabazas... ¡Al menos sé barón!

Costumbres y códigos sociales

Casi me explota la cabeza mientras me documentaba sobre títulos nobiliarios, la lista es infinita y los matices importan mucho a la hora de diferenciar quién está por encima de quién. Pero la sociedad británica de inicios de 1800 dependía mucho de estos títulos para saber cómo comportarse con los demás en situaciones formales y reuniones sociales.

Los códigos sociales en la Regencia son otro quebradero de cabeza; la jerarquía, el poder adquisitivo y el género eran claves para poder relacionarte con los demás. Cualquier situación debía seguir las pautas de etiqueta correctas para un caballero o una dama: cenas, fiestas, presentaciones, bailes, etc. No importa la situación, los hombres y mujeres de inicios del siglo XIX debían seguir unas normas de conducta muy específicas y el mínimo fallo era considerado descortés, arriesgando a que se convirtiese en el cotilleo de la semana.

Ya lo hemos comentado antes, pero quiero hacer hincapié en la importancia de la reputación en los círculos sociales de la nobleza británica del 1800. Una vez la reputación se manchaba, no había forma de volver atrás, especialmente para las mujeres.

Muchas de estas conductas sociales y buenos modales ahora nos parecen restrictivas, extrañas, incómodas y, a decir verdad, difíciles. Pero en la época de la Regencia seguirlas a rajatabla aseguraban no solo tu reputación dentro de la sociedad, sino que podían salvarte de momentos embarazosos y malentendidos.

¿Sabías que...?

Durante esa época, si no tenías claro cómo comportarte públicamente, no había de qué preocuparse, pues existían los conocidos «libros de conducta» –la mayoría para mujeres– que incluían todas las normas de etiqueta a seguir. De hecho, en España también existían estos manuales, y todavía se pueden encontrar en anticuarios o mercadillos de antigüedades.

Como literalmente se puede escribir un libro solo y exclusivamente sobre las normas de etiqueta en el siglo XIX, nos centraremos en las más interesantes, empezando por la más básica y necesaria: las conexiones sociales, es decir, cómo hacer amigos en tiempos de Regencia.

Networking en el 1800

Si las conexiones sociales eran tan importantes por aquel entonces ¿cómo entablabas relaciones en una época con tantas restricciones de conducta? La verdad es que el proceso de presentación era todo un ritual. Aquí vuelve a entrar en juego el rango y título de cada uno, pues no tener en cuenta la jerarquía de poder podía significar tu ruina social.

Como persona introvertida y con trastorno de ansiedad social que soy, algunas de estas normas me suenan más que convincentes, pero puestas en práctica en la sociedad de hoy en día me da que nadie haría amigos. Sí es cierto que podían salvarte de tener que hablar con alguien que no es de tu interés, también significaba que necesitabas permiso para poder entablar una conversación o incluso iniciar un simple saludo.

En la Regencia, por lo general, la gente solo se juntaba y hacía amigos entre personas de su mismo estatus social. Las relaciones entre las personas de baja cuna y la alta sociedad solo existían en cuestiones de trabajo, como puede ser la relación entre un noble y sus sirvientes. Las clases bajas se mezclaban con las clases bajas, mientras que la alta sociedad británica solo se interesaba por los de su misma casta. Esa es la historia más vieja de la humanidad...

Las normas de presentación eran distintas según si vivías en la ciudad o si vivías en el campo. Un buen ejemplo literario de cómo funcionaban las conexiones sociales de campo en esa época es nuestro querido *Orgullo y Prejuicio*. En la ficción de Jane Austen se pueden ver claramente las costumbres y forma de vida de la nobleza rural de la regencia.

Otro ejemplo lo podemos ver en la película de *La joven Jane Austen*, donde incluso el personaje de James McAvoy, un caballero de Londres que se encuentra fuera de lugar en medio del bosque mientras intenta saludar a Jane Austen, termina preguntando irritado «¿Qué normas de conducta se aplican en esta situación rural?». Es una frase graciosa en la película, pero habla mucho de la propia confusión en cuanto a conducta en la época.

Una escena de bosque *La joven Jane Austen*

Vamos a ver un último ejemplo: ¿Por qué la señora Bennet tiene tanto interés en que su marido se presente al señor Bingley? Aquí entra en acción un código de presentación, pues es cosa del hombre de la casa ser el primero en acercarse a los nuevos vecinos del pueblo, en este caso, un joven de estatus mayor al de la familia Bennet. De esta forma, si Bingley acepta esa presentación, sus familias se considerarían conocidas y puede dar paso a la presentación de sus hijas.

La señora Bennet apenas duerme preocupada por encontrarles un buen marido a sus hijas, y la posibilidad de conocer al señor Bingley es más que oportuna. Pero en esos tiempos, que una mujer se presentase ella misma a un hombre era considerado descortés e incluso atrevido, solo las mujeres de la calle se acercaban primero a los hombres, si sabes a lo que me refiero...

¡El señor Bingley está soltero! Escena de *Orgullo y Prejuicio* (2005).

¿Sabías que...?

A falta de teléfonos e internet, a inicios del 1800 las presentaciones se hacían a través de calling cards (tarjetas de llamada), donde los hombres interesados en presentarse a una nueva familia dejaban unas tarjetas con su nombre y títulos nobiliarios, con la intención de ser invitados para una llamada matutina o visita informal. De esta forma, podías mostrar tu interés en ampliar tus círculos sociales y evitar pasar el mal trago de ser rechazado en persona. Eran un poco como los correos electrónicos de la época.

Y aquí es donde entra el paso número dos del código de presentación. El señor Bingley, su hermana y el señor Darcy han sido invitados a un baile público, donde deducimos que la mayoría de los hombres de la zona ya han hecho sus propias presentaciones, así que un baile presta la ocasión perfecta para acabar de afianzar esas nuevas amistades. Es en este baile cuando el señor Bennet presenta el resto de su familia a los nuevos vecinos.

Después de esta presentación formal y haber creado un vínculo entre las dos partes, pueden interactuar con naturalidad, saludarse por la calle e incluso presentar nuevas amistades los unos a los otros.

En *Los Bridgerton*, estas conductas de presentación varían un poco ya que los códigos sociales en la ciudad podían ser un poco más estrictos y de más formalidad. Cuando Simon y Daphne se conocen en el baile, tienen una presentación una poco diferente, pues al chocar el uno con el otro se ven obligados a dirigirse la palabra, cosa que no pasaría de normal ya que no han sido presentados formalmente todavía.

Tampoco la actitud de ambos –pero sobre todo la de Daphne al ser mujer–, sería la adecuada para dos jóvenes nobles de la época. Es en ese momento cuando Anthony, hermano mayor de Daphne y cabeza de familia de los Bridgerton se acerca a ellos porque reconoce a Simon como su viejo amigo. Podríamos decir que es gracias a esta interacción que ambas partes se consideran presentadas y es aceptable para cualquiera de los dos poder interactuar con normalidad a partir de ese momento.

Los modales de una señorita

Si las conductas sociales de la alta sociedad británica en general ya eran complicadas y restrictivas, los códigos de conducta de las mujeres se multiplicaban por cuatro. ¿Sorprendidos? No lo creo.

El estatus social de una señorita dependía enteramente de su reputación y su futuro podía estar dictado por un simple accidente o equivocación, algo tan tonto como una mala contestación a quien no se debería o una caída al desmontar de su carruaje. Y digo yo, si eras una persona torpe nacida en la nobleza de la época, ¿Cómo sobrevivías?

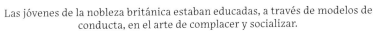

Las jóvenes de la nobleza británica estaban educadas, a través de modelos de conducta, en el arte de complacer y socializar.

Las mujeres de la Regencia debían ser educadas, femeninas, bien versadas en el arte de conversar, caminar con una postura erguida de espalda siempre recta y con pasos elegantes y movimientos finos. A través de los conocidos libros de conducta y la educación desde el nacimiento, las jóvenes de la nobleza británica crecían con unos modelos de etiqueta a seguir que ya tenían bien asimilados cuando llegaban a la adolescencia.

Vamos a ver algunas de estas conductas para entender mejor cómo debían comportarse las mujeres de inicios del siglo XIX en distintas situaciones sociales:

El arte de complacer y socializar

El arte de conversar estaba exigido tanto para hombres como para mujeres, pero las mujeres debían hacerlo con matices más sumisos: debían complacer al oyente con conversaciones completamente restrictivas.

¿Qué quiero decir con eso? Pues que los tópicos de conversación aceptados para las mujeres de la alta sociedad, sobre todo en público, estaban muy limitados. Tan limitados como que la lista de temas aceptables para hablar era mucho más pequeña que la de temas inaceptables.

Los cumplidos, ya fuesen hacia otra persona o hacia ellas mismas estaban mal vistos y con-
siderados como impertinentes. Hacer preguntas personales a las nuevas amistades estaba totalmente descartado, e incluso cotillear o simplemente hablar de una tercera persona en un tono despectivo se consideraba descortés. Irónico teniendo en cuenta que el cotilleo era un tópico en auge en plena Regencia.

Un acto tan simple y necesario como sonarse la nariz estaba considerado inapropiado y poco elegante. Por lo visto, ¿era mejor ir con el

Eloise Bridgerton interpretada por la actriz Claudia Jessie.

moquillo colgando...? Y por supuesto, los temas de conversación sexuales, de carácter oscuro o malvado, o simplemente la mención de tópicos como la menstruación y las partes del cuerpo más comprometidas quedaban fuera de lugar. Y si por casualidad se comentaba alguno de ellos, las mujeres debían hacerse las sorprendidas y actuar escandalizadas por tal tópico o comentario.

Carabinas y acompañantes

Pasear, socializar con hombres o simplemente salir a la calle sin acompañante no era posible para las jóvenes solteras de alta cuna. Solo las mujeres de mala reputación se comportaban así y vivían con esa independencia. Una joven soltera únicamente podía ir sola en determinadas situaciones, como caminar por las tierras de su familia o en casos de ir a visitar a un familiar que viviese cerca. También se les permitía pasear por el parque durante la mañana o ir a la iglesia los domingos.

Las carabinas eran muy comunes para jóvenes en edad de buscar marido o que estuviesen siendo cortejadas. En caso de no ir con una carabina, eran acompañadas en todo momento y sobre todo en situaciones sociales, por un familiar cercano, ya fuese una mujer casada o un hombre de confianza.

Si nos fijamos, las mujeres de *Los Bridgerton*, a excepción de algunos momentos, siempre van acompañadas por sus madres, mujeres cercanas ya casadas, viudas o de una autoridad superior a la suya.

Los modales en la mesa

Desde el momento en que entraban a la sala del comedor, se debía seguir una serie de protocolos formales que mantenían a todo el mundo en su lugar, recordando la importancia de las jerarquías y los rangos.

Dependía mucho de la ocasión y formalidad de la cena para saber qué protocolo debían seguir. La anfitriona de estas fiestas o cenas entraba en primer lugar a la sala, seguida de las demás mujeres, ya fuese en orden de rango o del brazo de un hombre como podía ser el marido, el hermano, el padre o alguien cercano. Pero siempre con hombres que compartiesen su mismo estatus.

Una vez dentro, no se asignaban asientos para los invitados, la gente podía sentarse donde quisiera siempre y cuando siguieran los modales de mesa. La anfitriona se sentaba en cabeza de mesa, a su lado derecho se sentaba el invitado –hombre– de mayor rango. En la otra cabeza de mesa se encontraba el anfitrión y a su lado derecho, la invitada de mayor rango. Para los demás invitados, cuanto más cerca de los anfitriones, mayor rango tenías.

Un invitado de menor estatus sentado cerca de los anfitriones se consideraba atrevido y descortés. En mi imaginación, veo a un puñado de gente paseándose alrededor de la mesa y observándose unos a los otros incómodamente para ver dónde deben sentarse.

En cuanto a las mujeres, no podían comer ni muy rápido ni muy lento, debían beber con moderación y debían mantener los codos y brazos apartados de la mesa, comiendo a cierta distancia. Te digo yo que eso me huele a desastre. Es por eso que las mujeres debían comer con la servilleta sobre sus regazos, y no metida dentro del collar de la camisa como era el caso de los hombres.

¿Quién era realmente lady Whistledown?

Aunque *Los Bridgerton* sea una serie de época ficticia con personajes mayoritariamente inventados, algunos de ellos, como ya hemos visto con la reina Carlota, están basados en personajes históricos reales.

Nada más empezar la serie nos presentan a la misteriosa y perspicaz lady Whistledown, una persona –aparentemente mujer–, que se esconde detrás de los panfletos semanales que cubren los cotilleos de la alta sociedad británica.

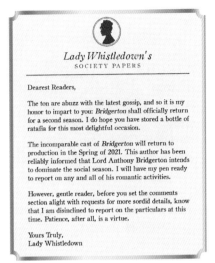

Con la voz de la queridísima e inigualable Julie Andrews, este personaje, que no se deja ver hasta el final de la primera temporada, se encarga de poner patas arriba a la nobleza londinense contando los secretos más bochornosos de cada familia.

Lady Whistledown puede parecer un personaje un tanto bocazas, instigadora de escándalos y metementodo, de esas personas a las que les va el cotilleo y no tardan ni un minuto en compartirlo. Pero el trasfondo que esconde este personaje está basado en la vida de una persona que nació cien años antes de la Regencia. Una persona que marcó un momento histórico en la prensa inglesa, sobre todo para las mujeres.

La señora Crackenthorpe

Crackenthorpe fue una escritora anónima, columnista del *Female Tatler*, que se dedicó a publicar artículos de cotilleo sobre la vida de la alta sociedad londinense del 1709 hasta el 1710. Fue la verdadera lady Whistledown –y Gossip Girl–, o al menos, una de las que se tiene constancia.

Se ha especulado durante años sobre quién podía ser esta mujer, y aunque han sospechado de algunos nombres de escritoras conocidas del momento, no se ha podido dar con su verdadera identidad.

La señora Crackenthorpe era una persona con mucho ingenio, que escribía artículos sobre cotilleos, curiosidades y anécdotas de la aristocracia del momento. Y es que los escritos de Crackenthorpe se convirtieron en la tendencia noticiera de la época, dando voz a las autoras femeninas y desafiando las leyes y conducta social de las mujeres de aquella época. Incluso sin saber si realmente era una mujer quien se escondía tras el seudónimo.

Había fervor por leer las nuevas columnas cada semana. Y no solo por parte del lado femenino de la sociedad –que era la audiencia mayoritaria del *Female Tatler*–, sino que hubo muchos hombres enganchados a las sátiras y bochornosas historias que se explicaban en su columna. Como podemos ver, el cotilleo lleva interesando a las masas desde hace siglos.

> ## ¡Dato curioso!
>
> Crackenthorpe nunca escribía los nombres reales de la gente a la que dedicaba sus artículos. Eran común en esa época buscar pseudónimos incluso para las personas de las que se hablaba en las noticias de cotilleos, evitando así denuncias y problemas. Es por eso que la señora Crackenthorpe utilizada nombres y adjetivos que describían a la perfección la persona de la que escribía, haciendo evidente para todos sus lectores de quién se estaba hablando.

Crackenthorpe se definía a sí misma como «la dama que lo sabe todo», y a juzgar por la reacción de su público, podemos afirmar que así fue. La columnista sacó a relucir secretos de infidelidad, asuntos familiares bochornosos y todo tipo de historias que tuvo revolucionada a la alta sociedad londinense de inicios del 1700.

The Female Tatler nació como competencia del periódico *Tatler* (creado por hombres). *Tatler* era uno de los periódicos o folletos informativos más leídos del momento, y su contrapartida femenina aprovechó la oportunidad para dar visibilidad a temas que, aunque escritos para un público general, tenían una mirada más femenina. De hecho, muchas de las columnas abordaban temas bastantes serios y tabús por aquel entonces con relación a la mujer: la falta de oportunidades educativas, las restricciones machistas por parte de padres y maridos o la inteligencia de la mujer y las contribuciones que podría hacer en la sociedad si se le diese la oportunidad.

El anonimato otorgó a la señora Crackenthorpe de un poder e influencia poco visto para las mujeres. Podía hablar libremente de política y de la vida de los más ricos sin tener ninguna consecuencia. La aristocracia temblaba bajo su pluma, pero fue gracias a sus escritos que se dio voz a las mujeres en los periódicos y prensa del momento.

Gracias al espléndido ingenio de la señora Crackenthorpe y las entretenidas sátiras que escribía mientras lanzaba pullas a todo el mundo, sus columnas en *The Female Tatler* fueron un éxito que desafió las normas de inicios del siglo XVIII.

El nacimiento de la «prensa rosa» en Inglaterra

La popularidad del *Female Tatler* y por consiguiente las columnas de cotilleos de la señora Carckenthorpe, no se alzaron por casualidad. El inicio de 1700 fue una época de cambios, especialmente para la prensa británica.

En 1695 se abolió la Ley de Licencias de 1662, una ley que ponía muchos obstáculos y limitaciones a la prensa. Fue gracias a esa abolición que la prensa británica experimentó un boom noticiero al ver nacer un gran número de «periódicos», revistas y otro tipo de folletos informativos.

El Londres de 1712 ya contaba con nada menos que veinte periódicos distintos. El que no corre vuela y la competencia por captar clientes era feroz. Es gracias a esa competencia que nacen las columnas de cotilleos, pues era el anzuelo perfecto para atraer a los lectores.

Aunque las cosas no son tan sencillas como parecen... El mercado literario e informativo de esa época estaba completamente gobernado por las imprentas y las «casas editoriales». Y es que los autores no tenían ningún poder sobre sus escritos. Los derechos de autor eran inexistentes y dependían de las imprentas para poder llevar a cabo las publicaciones.

Las imprentas no solo controlaban las publicaciones y los derechos sobre los textos, sino que además también se

¡Dato curioso!

Por culpa de esta falta de protección de derechos para los autores, la propia señora Crackenthorpe se vio obligada a desenmascarar a un imitador que publicaba desde su vieja imprenta y bajo su nombre. Al no haber forma de determinar quién era la *Female Tatler* real, fueron los propios lectores los que dieron la cara defendiendo el buen trabajo de Crackenthrope versus los textos mal escritos y con faltas de ortografía del impostor. Lo que viene siendo un *troll* del siglo XXI.

quedaban con la mayor parte de los beneficios de las ventas. Por no hablar de que las mujeres no veían ni un duro por sus escritos; escribían sin ánimo de lucro porque la sociedad machista y patriarcal del momento veía a las mujeres escritoras al mismo nivel que las prostitutas, cobrando por un trabajo indecoroso.

La señora Crackenthorpe acabó desapareciendo tras 50 exitosas publicaciones. Su relevo fueron la «Society of Ladies» o «Sociedad de Señoras», un grupo de escritoras bajo seudónimos que se encargaron de escribir las columnas del *Female Tatler* hasta la desaparición de este. Puede que la revista solo durase poco menos de un año, pero ha marcado un momento importantísimo en la historia de la mujer, en este caso, el de la mujer escritora.

Los Bridgerton recuperan este momento histórico al dar vida a lady Whistledown, una ingeniosa escritora que da mucha guerra a la aristocracia británica de inicios del siglo XIX. ¡Y nos encanta!

Penelope Featherton y Eloise Bridgerton.

LAS ACTIVIDADES DE LOS BRIDGERTON

Temporada social

Antes de la comodidad de internet, las redes sociales y la comunicación por redes, las clases aristocráticas debían buscar la forma de reunirse y forjar alianzas o amistades, tanto políticas como familiares. Es por eso, que durante los siglos XVII, XVIII y formalizándose en el XIX, nace en Inglaterra la conocida «temporada social», temporada en la cual transcurre la serie de *Los Bridgerton*.

¿En qué consistía una temporada social? Conocida en inglés como *social season* o simplemente *season*, era un período de aproximadamente seis meses que iniciaba al finalizar las festividades de Navidad y terminaba en verano.

Durante este período, las clases altas de la nobleza británica o la *ton*, nombre con el que se referían a las clases más importantes de la época Regencia, acudían a sus casas londinenses para asistir a «la temporada», importantísima para mantener

Durante la temporada social, la aristocracia británica se reunía
para reforzar sus alianzas.

un estatus social y reputación estable. Así pues, tanto duques, vizcondes y otros títulos dentro de la Cámara de los Lores se reunían en la ciudad para tratar asuntos políticos, reforzando las amistades ya hechas y aprovechar para establecer de nuevas.

Para dar sentido a la temporada y fomentar estas reuniones sociales, todas las familias de la alta aristocracia acudían a bailes, fiestas, eventos deportivos, cenas elitistas y otras actividades sociales. En *Los Bridgerton* podemos ver a Daphne y su familia acudiendo a museos, carreras de caballos y bailes preparados por la gente más importante del gremio.

¡Pero las temporadas sociales tenían otra función primordial! Un evento conocido mundialmente gracias a las novelas de romance en la Regencia: la presentación en sociedad.

Presentación en sociedad

Seguro que has oído hablar alguna vez de «ser presentado en sociedad». Es ese momento en que los y las jóvenes de la alta sociedad alcanzaban la mayoría de edad – entre los 17 y los 19 años–, es decir, entraban en edad de casarse.

Para las mujeres eso significaba que ya podían asistir a determinados eventos sociales como fiestas y bailes, y así ya podían ser cortejadas por los jóvenes y no tan jóvenes en busca de una esposa. Ya lo dijo Jane Austen en *Orgullo y Prejuicio*:

«Es una verdad mundialmente reconocida que un hombre soltero, poseedor de una gran fortuna, necesita una esposa».

La presentación en sociedad era extremadamente importante para las jóvenes, ya que de eso dependía su futuro. Era primordial poder encontrar marido durante la primera temporada, pues repetir temporadas significaba que nadie quería casarse contigo. Y luego dicen de Tinder... mucho más sencillo y menos humillante, donde va a parar.

La reputación de las jóvenes estaba en riesgo, debían ser capaces de sobrevivir a la temporada siendo lo más perfectas posibles, mostrando a la alta sociedad, a los pretendientes y a la Corte que estaban preparadas para debutar en la sociedad y encontrar su lugar en ella. Un solo descuido, un solo fallo y podían echar su futuro a perder.

Veamos un buen ejemplo de ello. En la primera temporada de *Los Bridgerton*, Daphne comparte un acalorado beso con Simon en la oscuridad de unos jardines. Por desgracia, su hermano Anthony los descubre e inmediatamente peligra su reputación. Si alguien más los hubiera vistos – que no pueden asegurar de que no sea así– supondría el fin de la búsqueda de matrimonio para Daphne, ya que ningún otro hombre querría casarse con una mujer que besa a cualquiera a escondidas.

A nosotros nos chirría, y mucho, que la pobre Daphne no pueda disfrutar de un buen revolcón con el duque de Hastings. Pero por desgracia, en aquella época, estaría en la boca de todos como el escándalo de la temporada. Es por ese motivo que Anthony intenta asegurarse de que Simon esté pretendiendo a su hermana con intención de casarse, ya que siendo ese el caso, solo deben anunciar el compromiso y así solucionar la disputa. Pero si has visto la serie, ya sabes que las cosas son más complicadas de lo que parecen... Y si no, ¡ve a verla!

Baile de debutantes

Dejando de lado los mal rollos de ser presentado en sociedad, en realidad, era uno de los eventos más esperados para las familias nobles tanto de finales del 1700 como a inicios del 1800.

Y es que, la presentación en sociedad y, por lo tanto, la temporada social, empezaba con un gran baile al que llamaban «baile de debutantes» o como se conoce también en España «la puesta de largo».

¿Sabías que...?

La palabra «debutante» proviene del francés *débutante* que significa «principiante femenina». Aunque se usaba una palabra francesa a modo de sofisticación, el baile de debutantes nació en Inglaterra.

Cada joven –aunque especialmente mujeres que es en quién más se centraba el evento–, perteneciente a la aristocracia, que cumplía la mayoría de edad y decidía participar en la temporada, se convertía en debutante.

A este baile acudían todas las familias de las y los debutantes, la nobleza más alta y, por supuesto, los reyes. Las debutantes debían presentarse formalmente ante el rey Jorge III y la reina Carlota, esperando el visto bueno para asegurar una buena temporada.

Y es que, el baile de debutantes inicialmente se llamaba *presentation at court*, en español «presentación en la corte» y era la ocasión perfecta para que las debutantes pudieran ser presentadas en sociedad formalmente. Más tarde, el baile pasaría a ser conocido como el «Baile de la reina Carlota». Un baile que se instauró en el año 1780 en celebración del cumpleaños de la reina. Su marido Jorge III organizó este baile –que más tarde se convertiría en algo anual–, donde la reina se colocaba junto a un gran pastel y las debutantes pasaban en fila haciendo reverencias de cortesía, dando así por iniciada su temporada.

El vestuario para este evento debía ser glamuroso y estar a la altura de la ocasión. Las debutantes vestían de blanco, representando a la pureza y bondad que una jovencita de buena familia debía tener. Podemos ver esta escena representada al inicio de la serie, cuando todas las debutantes esperan en los salones de la corte con sus vestidos blancos, cada una de un estilo distinto y con recogidos y accesorios para la cabeza de todo tipo.

> ## ¡Dato curioso!
> El baile de la reina Carlota ha sido una tradición que ha continuado con el soporte de la corte británica hasta el año 1958. No se saben del todo bien cuáles fueron los motivos que llevaron a la reina Isabel II a cancelar el evento, pero corren rumores de que su hermana la princesa Margarita consideraba que en los tiempos que corrían cualquiera podía formar parte del baile, cuando en realidad solo las personas más selectas debían poder participar. Vamos, que querían a la chusma fuera de palacio. El baile siguió en danza sin la participación de la reina hasta el 1976.

En la serie juegan bastante con las tonalidades del blanco y me atrevería a decir que lo han utilizado de tal forma para hacernos saber la posición y nivel económico de cada familia. Veamos el ejemplo de las hermanas Featherington: Lady Featherington

Presentación de las hermanas Featherington ante la reina Carlota.

presenta sus tres hijas en sociedad al mismo tiempo y eso que a Penélope, la más joven, todavía le faltan uno o dos años para debutar. Pero está claro en cuál de sus hijas lady Featherington tiene puesta su mirada, solo hay que fijarse en el color de sus vestidos.

Philippa, la mayor de los Featherigton, viste un vestido de color blanco impoluto; Prudence, la mediana, lleva un vestido de menor calidad y de un color más bien rosado, tipo salmón; Penélope, la pequeña y marginada de la familia, lleva puesto un vestido azulado que más bien parece un blanco muy gastado, de confección visiblemente más barata.

Detalles aparentemente sin importancia pero que en realidad nos dicen mucho de los problemas económicos de la familia. Los Featherington se están arruinando por culpa de las apuestas y deudas del señor Featherington, por lo que a su mujer le urge casar a todas sus hijas con hombres adinerados que arreglen la situación familiar. Aunque, por supuesto, siempre dando más importancia a la hija mayor y verdadera debutante.

En la Regencia verdadera, presentar en sociedad a todas las hijas de una familia, con algunas que todavía no hubieran llegado a la edad, no estaba del todo bien visto. Sobre todo, en las familias de clase alta. Es por eso que, en *Orgullo y Prejuicio*, lady

Catherine de Bourgh se escandaliza al oír que tanto Jane, Lizzy y sus hermanas menores ya han sido presentadas en sociedad. Como hemos comentado antes, la vida en el campo era distinta, sobre todo para las familias de clase media o media-alta.

Por suerte para Penélope, su madre apenas presta atención a su búsqueda de marido, pudiéndose centrar en otras cosas más de su interés... y en Luke Bridgerton. El baile de debutantes y todos los que le siguen durante la temporada, le brindan a Penélope la oportunidad de poder bailar libremente con Luke. Pero en su caso, ella cuenta con una gran ventaja, son amigos cercanos.

Una debutante no podía dar el paso de invitar a un joven a bailar, sería un escándalo además de que podrían tacharla de «facilona». Eran los hombres los que daban el primer paso y estaba considerado de mala educación rechazar la invitación de un pretendiente.

En caso de ser cercanos con uno de ellos, como es el caso de Penélope y Luke, esa formalidad podía relajarse y disfrutar de la compañía de un amigo con la naturalidad que quizá reprimían con los demás pretendientes. Y no solo a la hora de bailar, también se seguía el protocolo para mantener conversaciones o presentarse mutuamente. Todo un ritual que debía seguirse al pie de la letra.

El diamante de la temporada

Hay un término curioso que se utiliza en la serie que, aunque no fuese cierto ni utilizado en la vida real, ha gustado entre el público de la serie.

Durante el baile de debutantes de la reina Carlota, ésta debe fijarse en las jóvenes que participan y escoger a la más encantadora y preciosa de todas, convirtiéndose en «el diamante de la temporada».

Este diamante tiene la completa aprobación de la reina, por lo que tendrá ventaja sobre las demás a la hora de conseguir pretendientes y subir un escalón en la complicada y competitiva vida social de la época. Aunque ser el diamante viene con inconvenientes, y es que mantenerse perfecta e impoluta durante meses no tendría que ser fácil. Es por eso que Daphne Bridgerton empieza a sentir la presión de ser el diamante en la primera temporada de la serie. Debe cumplir con las expectativas que la reina tiene de ella y pisar bien firme para no dar ni un paso en falso.

Un escándalo como el beso con el duque de Hastings en la oscuridad de la noche podría destrozar su reputación para siempre y mucho más si encima era la preferida de la reina. Eso significaría el fin de su vida social y el desprecio por parte de la corte. Nada de lo que una no se pueda recuperar...

Relaciones amorosas

Hasta finales del 1700, los matrimonios por conveniencia en la alta sociedad se asemejaban más a un negocio que a un vínculo romántico. La unión de dos familias no tenía nada que ver con el novio y la novia, era un contrato político y financiero donde ambas partes salían beneficiadas de algún modo. Muchas de las veces los novios ni siquiera se habían visto las caras antes.

Pero todo eso empezó a cambiar con la llegada de la época de la Ilustración, un movimiento cultural que surgió en Europa donde las palabras de científicos y pensadores empezaron a llegar a toda la sociedad, creando un flujo de educación y conocimiento no accesible para muchos. Es decir, la gente empezó a cuestionar las normas y protocolos que habían seguido toda su vida y con ello llegaron los cambios.

¿Sabías que...?

Fue precisamente por este movimiento cultural que surgió la Revolución francesa. El pueblo empezó a cuestionar las leyes de los altos cargos y se les abrió los ojos a un mundo en el que podían reclamar y luchar por sus derechos. Un tiempo de cambios, sin duda.

En cuanto a relaciones amorosas se refiere, este movimiento trajo una nueva forma de pensar. El individualismo salió a flote y la gente empezó a cuestionarse si sus propios deseos y preferencias eran igual o más importantes que la tradición. A partir de ese momento el romance, el cortejo y la excitación de encontrar una pareja por preferencia propia vio la luz en una sociedad demasiado acostumbrada a seguir las órdenes sin cuestionar nada.

No es de extrañar que, para las jóvenes de la época, ser debutantes y encontrar marido teniendo el poder de decidir –no en todos los casos y no siempre al cien por cien– era más que estimulante. Ya no estaban forzadas a un matrimonio sin amor y con hombres normalmente mayores que ellas, ahora podían lucir una parte de su feminidad, jugar al juego del cortejo y elegir al mejor pretendiente, siempre con el visto bueno de la familia. Pensándolo de este modo, ¡me parece emocionante hasta a mí!

Entonces, ¿qué ocurre una vez ha dado inicio la temporada para una debutante? Pues es ahora cuando empieza el juego de verdad. Las relaciones amorosas –propias y formales a los ojos de la sociedad– seguían un protocolo muy detallado. Como todo en la Regencia, parece ser. Pero estas normas servían para que ambos sexos pudieran disfrutar de toda la parafernalia sin engaños y sin caer en mentiras. Los hombres debían tomarse muy en serio el cortejo, y las mujeres debían mantenerse alejadas de aquellos jóvenes con intenciones poco sinceras.

Antes de empezar ninguna relación, el cortejo era de mucha importancia. Siempre era el hombre el que debía cortejar, las mujeres no tenían permitido dar el primer paso. Pero para ser cortejada, primero debías tener pretendientes, cuantos más mejor, para una selección más grande. Una vez hecho el debut en sociedad, las jóvenes noblezas de la época esperaban con ansias la llamada de algún pretendiente. Y por llamada me refiero a carta, por supuesto. Una carta de presentación para informar a la debutante de que el señorito tenía interés en cortejarla.

El cortejo

El cortejo que podamos tener en mente es un poco distinto del que definimos en nuestros tiempos. El propósito de encontrar pareja en aquella época y por lo tanto de pasar todo el proceso de cortejo, era en el mayor de los casos con la intención de encontrar una amistad profunda y duradera. El romance y la pasión podían durar poco tiempo, y como los matrimonios solían ser para siempre en esos tiempos, era mucho mejor encontrar una pareja compatible con quien estar a gusto el resto de sus vidas. Quizá por eso también era común que tanto los hombres como las mujeres tuvieran amantes.

Al fin y al cabo, aunque la manera de pensar hubiera cambiado, el matrimonio seguía siendo un negocio. Ambas familias debían verse beneficiadas; los círculos sociales, amistades, negocios familiares, dotes, bienes inmuebles y los herederos eran todo parte de ese negocio. Una transacción política y económica escondida tras un paripé romántico.

Pero eso no quita que ambas partes del cortejo estuvieran emocionadas por todo el proceso, pues al fin y al cabo era emocionante el solo hecho de poder tener contacto con hombres y mujeres que no sean familiares o amigos cercanos. El contacto entre sexos opuestos, por muy pequeño que fuera, estaba prohibido. Un hombre solo podía tocar a una mujer en caso de ayudarla a montar al carruaje, al caballo o tomar su brazo en un paseo formal. Imaginaos la excitación de ambos por ese pequeño gesto, por esos segundos de contacto físico, especialmente si era con alguien por quien te sentías atraído.

Una vez hecho el debut en sociedad, las jóvenes nobles esperaban que se acercase algún pretendiente.

¡Darcy toma la mano de Lizzy! *Escena de Orgullo y Prejuicio* (2005).

Esa escena en *Orgullo y Prejuicio* donde el señor Darcy le tiende la mano a Lizzy para que suba al carruaje es simplemente sensacional. El contacto de sus manos durante apenas tres segundos, la sorpresa en el rostro de Lizzy, la mirada tan sentida de Darcy y el visible remolino de emociones perturbando su interior una vez se aleja de ella, sintiendo todavía el tacto de su piel sobre la suya. ¡Ay, señor Darcy! ¡Cuánto daño nos has hecho!

Volviendo al siglo XIX, el hombre es quien tenía el rol de acercarse moderadamente y con precaución a la mujer, siempre con intenciones puras y sinceras —o al menos esa era la idea— para que el fin de todo ese cortejo resultase en matrimonio. De hecho, el único rol de la mujer en todo este proceso era el de rechazar a los pretendientes. Eran ellas quienes decidían dar la oportunidad a sus pretendientes de intentar cortejarla.

Aunque como todo para las mujeres de la época, rechazar a un buen pretendiente era muy arriesgado. No sabían si volvería a presentarse una oportunidad así, y aunque en *Los Bridgerton* los hombres hacen cola en casa de Daphne, en realidad no era común para una joven tener tal cantidad de pretendientes. Debían asegurar las buenas opciones porque puede que no viniesen más. Así que eso de tener el poder de elegir, es un poco subjetivo.

¡Dato curioso!

En la serie, Daphne apenas recibe pretendientes después de ser presentada en sociedad. No es hasta que Simon y ella idean un plan que los beneficie a ambos. Ese plan consiste en pretender que el duque de Hastings quiere cortejar a la joven Bridgerton, haciendo que nazca el interés en los demás hombres por cortejarla. Ese es un claro indicativo de lo importante que era la reputación, los rangos y las amistades en la época. Tener un buen círculo social venía con muchas ventajas.

Se aconsejaba a las mujeres confesar sus sentimientos solo cuando estuvieran convencidas de que las intenciones del hombre eran sinceras. Mientras, a ellos se les aconsejaba no caer en la trampa de un matrimonio engañoso. Con tanta norma y protocolo parece mentira que pudieran llegar a encontrar una pareja definitiva.

Para colmo, las conversaciones no podían ser muy expresivas y los temas estaban muy restringidos. Así que debían servirse de expresiones faciales, comentarios ajenos y pequeñas charlas para poder saber lo que la otra persona sentía. No era hasta el momento de pedir matrimonio que ambas partes podían explayarse y confesar sus sentimientos.

Está claro que escoger la pareja perfecta era imprescindible, pues las probabilidades de divorciarse eran casi inexistentes. Escoger significaba para toda la vida, así que las jóvenes noble-

¡Ojo al dato!

En las novelas románticas ambientadas en la era Regencia –por ejemplo, en las de Jane Austen–, podemos ver cómo se describe y clasifica a los caballeros nobles de buena casa con distintos nombres según sus personalidades, vestimenta y el tipo de vida que llevaban. Son términos como el «Beau» (un hombre con presencia), el «Dólar» (un hombre mujeriego y dado al libertinaje), el «Nonpereil» (un hombre incomparable y apreciado por todos), el «Corintio» (un hombre atlético), el «Petimetre» (un buscador de atención y charlatán), el «Rosas y Tulipanes» (un hombre excepcionalmente bien vestido y de buen ver), el «Macaroni» (un hombre obsesionado con la moda) y por último, el conocido «Dandy» (el hombre que realmente marcaba la moda del momento).

zas de inicios del 1800 solo tenían una oportunidad para encontrar al «hombre de su vida», literalmente. No me imagino la presión, miedo y ansiedad por tomar la decisión acertada, y todo ello con la familia, especialmente las madres, encima de cada uno de sus pasos para asegurarse de que sus hijas acabasen casadas en la familia correcta, asegurándoles un buen futuro.

Parece que la señora Bennet tenía todo el derecho a mostrarse agobiada ante la idea de tener que casar a cinco hijas, especialmente viviendo en una casa y con unos bienes que no podían ser heredados por ellas.

Matrimonio

Desde el momento en que un joven varón propone matrimonio a una debutante y esta acepta, se pasa del cortejo al matrimonio en menos que canta un gallo. Es decir, el concepto de noviazgo en la era Regencia era muy distinto al que conocemos ahora. El único momento en que una joven pareja entra en situación de noviazgo es en el caso de que la joven noble acepte con interés las atenciones de él. De este modo, a través de las citas, encuentros planeados y encuentros en actividades sociales, se podría considerar que la pareja está en pleno noviazgo, puesto que las intenciones de ambos son claras, ella ya no acepta otros pretendientes y todavía no se ha pedido la mano en matrimonio.

Es curioso que, con el paso de los años, estos dos pasos en la relación de una persona con otra se hayan intercambiado el tiempo de duración. Ahora el cortejo dura muy poco, a veces es casi inexistente, y el noviazgo puede alagarse durante años o una vida entera, ya que el matrimonio no es tan imprescindible.

Hay un dato importante a tener en cuenta para los matrimonios y la elección de pareja. Y es que, así como los hombres podían casarse con hijas de burgueses o comerciantes, las mujeres tenían prohibido siquiera interactuar demasiado con clases más bajas que la suya. Casarse con un hombre inferior a ellas podía significar una caída en los escalafones sociales. La intención era siempre ir subiendo, y casarse con un hombre de clase social más baja no le haría a él verse más rico, sino al contrario, era ella quien compartiría entonces su rango en la cadena social.

Los primogénitos varones tenían los derechos de herencia.

Por eso las clases raramente se mezclaban, cada uno se juntaba con los suyos; con aspiraciones de más, nunca de menos. En realidad, tiene bastante sentido que las mujeres solo buscasen hombres de su mismo estatus social o más alto. Ellas no tenían ningún poder adquisitivo ni podían valerse por sí mismas en la mayoría de los casos, conseguir un hombre de buen estatus social y con dinero suponía un descanso mental en cuanto al futuro se refiere. El miedo a verse obligadas a bajar de clase social al no poder subsistir por ellas mismas era real, la dependencia de los hombres era desgraciadamente vital en aquellos tiempos.

Pero esta presión por casarse y casarse bien no solo recaía en las mujeres. Los primogénitos de las familias más adineradas estaban destinados a encontrar una mujer decente y proveer a la familia, sus bienes y sus tierras de un heredero. La Inglaterra de inicios del 1800 se regía por la ley de primogenitura, ley cuyo procedimiento legal daba prioridad a los hijos mayores o al «primer hijo varón», otorgándole todos los derechos de herencia. Si la familia no había conseguido engendrar un hijo varón o un hijo en general, los bienes de la casa y las tierras pasaban a ser propiedad del hijo de un hermano o familiar cercano. En todo caso, las hijas no veían ni un céntimo.

Por eso, todo hombre en edad de casarse que además era el primogénito de la familia, estaba presionado a encontrar una mujer lo antes posible y asegurar así la descendencia de la familia. Los demás hermanos disfrutaban de mucha más libertad en cuanto a casarse se refiere, como podemos ver con Benedict, Luke y los más pequeños. Los otros hermanos Bridgerton no tienen el dolor de cabeza de heredar las responsabilidades de la familia ni de buscar una esposa a la altura de ese poder. A no ser, por supuesto, que Anthony muriese y entonces Benedict pasaría a ser el primogénito de la familia, ya que es el segundo en sucesión.

¡Ojo al dato!

¿Qué ocurría con las jóvenes que poseían tierras y bienes? Una mujer que entraba en la familia de un hombre –cualquier hombre– a través del matrimonio, no podía tocar ni un solo centavo del dinero de su familia sin el consentimiento del marido. Tela marinera... Los bienes gananciales de cualquier mujer pasaban a ser propiedad del marido, teniendo él toda la autoridad de manejarlos como quisiera. Todo, ya fuese dinero, ropa, joyas e incluso los hijos, eran propiedad del hombre.

La relación entre el marido y su mujer debía ser de confianza, cortés y públicamente decente. Por eso, los escándalos matrimoniales eran uno de los cotilleos más comentados y de interés por todos. Pero la existencia de la ley de *coverture*, permitiría ciertos comportamientos del hombre hacia la mujer de carácter abusivo y violento sin tener ninguna consecuencia penal, de hecho, eran imposibles de denunciar en la mayoría de los casos.

El cuerpo de la mujer permanecía al marido, por lo que los abusos sexuales dentro de un matrimonio no se consideraban como tales. La mujer debía atender a las necesidades del hombre, fuesen las que fuesen. Las palizas o la violencia machista estaban permitidas siempre y cuando no llegase a la muerte. ¡Menos mal! Buff, imagínate. Al menos matarlas era ilegal.

El romance de *Los Bridgerton* y otras obras de ficción románticas empiezan a sonar un tanto turbias, pero dentro de que todos esos actos estuvieses permitidos, había muchos casos de matrimonios decentes, felices o con complicidad. ¡El romance –contra todo pronóstico– existía!

¿Sabías que...?

Los hombres casados en la era Regencia tenían permitido ser infieles a sus mujeres. Tener una amante o varias era bastante común y no se llegaba a castigar ante la ley como es debido. En caso de que una mujer hubiese sido infiel, se la condenaba por adulterio, mostrando lo machista que podía ser la sociedad de la época. En los divorcios, era el marido quien se quedaba con todo, incluida la custodia de los hijos. No fue hasta unos años más adelante, entrada ya la época victoriana, cuando Caroline Norton, una mujer de alta sociedad británica, luchó ferozmente por conseguir la custodia de sus hijos, cambiando así las leyes a favor de la mujer y empezando a establecer la primera ley de separación de bienes, que llegaría unos años más tarde.

Tipos de casamientos en la Regencia

Había distintos métodos para conseguir una licencia de matrimonio durante la Regencia. Unos más decentes y legales que otros...

La proclama

El método de la proclama, conocido en Inglaterra como «The Banns», era el casamiento tradicional por la Iglesia.

Casarse por lo tradicional significaba seguir un protocolo –como no– antes de que llegase el día de la boda. La Iglesia debía asegurarse de que nadie que conociese a los novios era también conocedor de alguna razón de peso para evitar el casamiento. Para eso, debían informar a los ministros o clérigos de las parroquias locales de cada uno –en caso de que fuesen de localidades distintas–, para que estos leyeran la proclama.

La proclama consistía en leer el nombre de los novios durante tres domingos seguidos. Además, debían colgar una publicación en la iglesia con sus nombres en caso de que alguien apareciese con alguna objeción. Una vez pasadas estas tres semanas, los clérigos de las parroquias escribían a los novios para informarles de que la boda era apta. Entonces, debían casarse en los próximos 90 días a partir de la lectura de nombres del tercer y último domingo.

Si la pareja, por casarse, elegía hacerlo a través de la proclama, debían casarse sí o sí en la iglesia de la localidad del novio o en la de la novia. Nada de casarse en hermosos jardines o mansiones de campo como muestran en algunas series y películas de época, que visualmente es muy bonito, pero para nada real.

¿Sabías que...?

Las bodas se celebraban solamente durante el transcurso entre las ocho de la mañana y el mediodía, es decir, durante las conocidas horas canónicas. Eran las horas en las que ocurría la oración cristiana diaria según indicaba el breviario.

La licencia del obispo

La «licencia del obispo» o «licencia ordinaria» era uno de los métodos más comunes para casarse. Simplemente consistía en ponerse en contacto con un clérigo de Canterbury o York y conseguir una licencia de boda, que valían alrededor de los diez chelines. Los novios debían jurar que no existía ninguna razón por la cual no debían casarse, aunque el clérigo tenía la autorización de investigar a la pareja para asegurarse de que no existían objeciones al casamiento. Los novios tenían tres meses para casarse desde la obtención de la licencia, y la boda podía ser oficiada en la parroquia de la localidad de uno de los novios o en algún otro edificio consagrado.

En muchos de los casos, las parejas elegían este método para mostrar que eran capaces de permitirse pagar por los diez chelines, haciendo así una demostración de su estatus social y nivel adquisitivo.

¡Dato curioso!

Un ejemplo de licencia ordinaria en la ficción es la boda de Lydia Bennet con el señor Wickham en *Orgullo y Prejuicio*. La boda tiene lugar en St. Clement, donde Wickham llevaba alojado más de 15 días, requisito esencial para este casamiento, ya que debías haber asistido a la parroquia al menos durante dos semanas en el lugar donde ibas a casarte. Si te preguntabas cómo es posible que Lydia se hubiese casado en apenas un mes de conocer a Wickham, ese es el motivo. No era necesaria la presencia de los padres, solo algunos testigos debían estar presentes, en este caso, el señor Darcy y el tío de la novia.

La licencia especial

Esta licencia especial era difícil de conseguir para la mayoría ya que el precio era mucho más costoso. Era una licencia más bien reservada para familias con rangos superiores, ya fuesen los hijos de vizcondes, de marqueses, miembros del parlamento, jueces e incluso caballeros.

Para conseguir la licencia especial solo podías obtenerla del arzobispo de Canterbury, un motivo más por el cual no a todos se les permitía tenerla. Aunque se considerase una licencia de boda legal, digamos que se necesitaba de la discreción del arzobispo para obtenerla, pagando de cuatro a cinco libras para poder tenerla. Quizá por eso era tan «especial...».

De esta forma, los novios no estaban obligados a casarse en la iglesia o parroquia, eran libres de elegir el lugar de casamiento, ya fuese en el jardín o en casa. El arzobispo siempre recomendaba hacerlo en un lugar consagrado, pero una vez entregado el dinero, daba un poco igual donde lo hiciesen. Eso sí, la boda debía darse entre las ocho de la mañana y el mediodía sin excepción.

Muchas familias de la nobleza británica elegían este método de casamiento para evitar tener que hacerlo público y ponerlo en boca de todos, evitando cotilleos, rumores y objeciones. A la boda solo asistían aquellos que habían sido invitados formalmente y al no ser un evento conocido por todos, los novios podían aprovechar para invitar únicamente a aquellas personas más cercanas y de confianza.

¿Sabías que...?

Desde el 1754, los novios debían ser mayores de 21 años para poder casarse, y si eran menores debían tener el consentimiento de un tutor para poder conseguir una licencia. En el caso de la proclama, los novios debían ser mayores de 12 para las mujeres y 14 para los hombres. Eso se debe a que las semanas que duraba la proclama existía la posibilidad de que alguien objetase esa unión.

La escapada a Escocia

La escapada a Escocia no era un retiro de fin de semana a pesar de su nombre, era un método no del todo legal –aunque válido sobre el papel–, de casamiento para muchas parejas. Judíos, desertores, católicos o romances en secreto elegían este método para no tener que dar parte ni pedir el permiso de nadie.

Las bodas en Escocia no tenían tantas exigencias ni ponían tantos obstáculos para casarse. Eso se debe a que la ley escocesa permitía todo tipo de «matrimonios irregulares». Y aunque en Inglaterra estuviesen mal vistas estas bodas, consideradas un acto antisocial que podía deshonrar a la familia, era la solución más fácil y rápida para muchas parejas.

Esta escapada tenía su destino en Gretna Green, un pequeño pueblo escocés con frontera en Inglaterra. Este pueblo fue históricamente el primero en Escocia, con un pasado muy simbólico de nuevos comienzos que, para mí, da un significado muy especial a esas bodas clandestinas.

Los novios, simplemente debían hacer un juramento del uno hacia el otro, y la ceremonia podía ser oficiada por cualquiera. A este tipo de bodas se les llamaba «casarse sobre el yunque» ya que muchos de los sacerdotes eran en realidad los herreros del propio pueblo.

> ## ¡Dato curioso!
> Es precisamente hacia Gretna Green donde Marina Thompson, la prima de los Featherington, y Luke Bridgerton deciden escaparse para poder casarse en secreto. Marina necesita asegurar un marido que pueda mantenerla a ella y al bebé, mientras que Luke se deja llevar por los repentinos sentimientos y pasión que siente hacia la joven.

Sexo e intimidad

La primera temporada de *Los Bridgerton*, aunque con muchas libertades históricas, ha sabido captar casi a la perfección el concepto de sexo e intimidad que existía en la sociedad británica durante la Regencia. Era una época muy conservadora de cara al público, la Iglesia no permitía ningún tipo de conducta indecorosa, morbosa o sexual, sobre todo en la alta aristocracia.

Para hablar de sexo en la Regencia debemos hacer algunas distinciones, y es que el disfrute íntimo y carnal no tenía las mismas libertades para los hombres que para las mujeres –¡sorpresa, sorpresa!– al igual que no existían las mismas normas sociales y de conducta para el acto sexual en las clases altas que en las bajas.

No es ningún secreto que *Los Bridgerton* es una serie bastante subida de tono, con escenas sexuales bastante explícitas y expuestas de manera muy natural. A diferencia de otras piezas cinematográficas o televisivas sobre la época de la Regencia, *Los Bridgerton* no han tenido ningún miedo en mostrar la parte más salvaje de la época, adentrándonos en el delicado pero excitante mundo del sexo a principios del 1800.

Como hemos podido ver hasta ahora, el papel de la mujer durante la Regencia no era más que un personaje secundario, un objeto a las órdenes de los hombres con el único objetivo de entretenerles y asegurarles descendencia. Pues en el sexo, no iba a ser menos.

Cuando las mujeres se casaban, se convertían en propiedad –cuerpo y alma– de su marido. Por lo que en cuanto a las relaciones sexuales se refiere, debían de estar siempre a la disposición del hombre. Y es que, la mujer de la época sabía muy poco del acto sexual y su procedimiento hasta que se daba de bruces con él en su noche de bodas.

Las jóvenes de clase alta apenas tenían noción alguna sobre el sexo cuando llegaban al matrimonio.

Una joven sin casar en busca de marido debía ser virgen, pura e inocente, sin ningún conocimiento previo de a lo que el sexo se refiere. Apenas había oportunidades para una joven aristócrata de aprender sobre temas sexuales. Estaba terminantemente prohibido hablarlo con un hombre y muchas de las madres solo les daban «la charla» justo antes de su boda, preparando mínimamente lo que se les venía encima.

Solo hay que fijarse en Daphne Bridgerton. ¿Cómo es posible que no se diese cuenta de que Simon, su marido, terminaba fuera cada vez que tenían sexo? Puede que en pleno siglo XXI nos parezca ridículo que una joven de 21 años no tuviese noción alguna de que su marido no llegaba al clímax dentro de ella, pero no es tan sorprendente como parece.

Las jóvenes como Daphne, chicas de clase alta educadas y protegidas bajo llave sobre temas bochornosos y tabús, no tenían ninguna noción del sexo –más allá de su función– hasta que se casaban. E incluso una vez casadas, no se les permitía disfrutar del sexo como tal, era simplemente un acto de reproducción con el único objetivo de satisfacer al marido y engendrar hijos. Obviamente, y por mucho que los hombres siempre se hayan esforzado en que así sea, no todas las mujeres eran tan inocentes como para percatarse de los placeres del sexo. Pero no estaba bien visto que disfrutasen abiertamente de los placeres sexuales, ni solas ni acompañadas.

En la serie, Daphne aprende sobre el sexo mediante la práctica. ¡Y mucha! Madre mía, para no tener conocimiento del acto sexual la chica se apunta a una clase magistral con notas de sobresaliente. Pero incluso después de haber practicado sexo con su marido más de, no sé, cien veces en dos capítulos, no es hasta que su criada le informa sobre las eyaculaciones que ella aprende el funcionamiento del acto. Ese pequeño detalle de la serie era tristemente muy cierto para muchas de las jóvenes de la época.

Las partes íntimas, tanto femeninas como masculinas, no se pronunciaban en voz alta delante de casi nadie, y menos por parte de una mujer. Solo en casos médicos o de suma importancia se podían buscar sinónimos y palabras formales para referirse a la vagina o al pene. De hecho, la menstruación tampoco era un tema que se pudiese hablar ni entre mujeres. Las madres instruían a sus hijas sobre el funcionamiento básico y por qué sangraban cada mes, pero en aquellos tiempos los conocimientos médicos sobre el tema no es que fuesen muy avanzados tampoco, por lo que las mujeres conocían más bien por experiencia que por aprendizaje.

Y puede que te preguntes ¿cómo sabía entonces la criada de temas tan íntimos y tabús? Como he comentado a principio de este segmento, hay una clara distinción entre clases sociales y su relación con el sexo, sobre todo en cuanto a mujeres se refiere. Las mujeres de clases bajas aprendían sobre el acto sexual a muy corta edad, ya fuese por estar expuestas a ello directa o indirectamente, como por escuchar los cotilleos y cuchicheos sobre el tema con más naturalidad y frialdad.

Se aconsejaba a las jóvenes noblezas no entablar demasiadas conversaciones ni escuchar a escondidas las charlas del servicio, pues podían ser influenciadas de mala manera y aprender sobre temas que no les correspondía todavía. Las jóvenes criadas estaban muy expuestas a abusos sexuales por parte de los propios sirvientes y en muchos casos de los señores de las casas, arrancando esa inocencia de manera forzada y además, haciéndolas ver como seres impuros y con demasiado conocimiento.

Daphne definitivamente podía aprender de sus sirvientas y criadas sobre estos temas,

¿Sabías que...?

Una gran influencia sobre las mujeres, y gran parte del problema en la época para que hubiera tanto tabú y vergüenza alrededor del sexo, era gracias a los panfletos y «manuales de conducta para señoritas» de la época. Libros como *A Father's Legacy to his Daughters* (*El legado de un padre a su hija*) de John Gregory o *Sermons to Young Women* (*Sermones para las jóvenes*) de James Fordyce instruían a las jóvenes de la época a dedicarse solo y exclusivamente a su marido e hijos, evitando todo tipo de placeres personales más allá de los hobbies comunes.

aunque también podía haber visto alguna que otra ilustración satírica y erótica del pintor inglés Thomas Rowlandson. La verdad es que sus ilustraciones no tienen pérdida. Los libros eróticos de la Antigua China –ya de por sí muy explícitos– no tienen nada que envidiarle al señor Rowlandson, pero en una sociedad que venía de una época muy conservadora y estaba punto de meterse en una todavía más, esas ilustraciones seguro que daban mucho de qué hablar.

En una época donde la publicación de revistas, periódicos y todo tipo de prensa estaba en su momento más álgido, las instituciones religiosas y conservadores políticos no podían permitir que las mujeres leyesen y se informasen sobre temas indecentes, ya fuesen escritos en sátiras como en textos más formales. ¡No vaya a quemarse una señorita la vista con la palabra «pene» o «genitales»!

Es por eso que en medio de ese movimiento periodístico y editorial surgió la conocida «Expurgación», un acto de censura que limpiaba, purificaba y eliminaba cualquier rastro de texto indecoroso o salido de lugar para los modales de la época. ¡Eso no quiere decir que el ingenio de la escritura renunciase a hablar de sexo!

Todo lo contrario, se podría decir que, gracias a esta censura, los escritores encontraron formas literarias, ingeniosas y sátiras de hablar del acto sexual. Puede que fuese esta censura la que ha influenciado al largo de los siglos a tener una idea y visión pura y conservadora de la Regencia, ese romanticismo de época que vemos en Jane Austen, ese amor puro que no se basa solamente en la pasión ha podido ser producto de una censura a una sociedad influenciada por los modales y la etiqueta.

> ## ¡Dato curioso!
> Que la prensa londinense se extrajese de palabras y conversaciones de tipo sexual, no quiere decir en la intimidad de las personas también fuese así. Y es que todavía se conservan cartas de la época y correspondencia de parejas. Cartas con descripciones muy explícitas de lo mucho que añoraban a sus esposas y los pensamientos solitarios de estos hombres con la libido a cien.

Ahora bien, el sexo para los hombres era un tema completamente distinto en la Regencia. Fue gracias al libertinaje del príncipe Jorge IV que la alta sociedad masculina se abrió más que nunca a un disfrute personal y sin apenas restricciones a la hora de tener sexo. ¡Siempre y cuando no se conociera de manera pública! La reputación seguía siendo importantísima, pero a puerta cerrada cada uno hacía con su vida sexual lo que le apetecía. Ya fuese con su propia esposa, con distintas amantes o con prostitutas, el hombre de bien en la Regencia tenía la libertad de acostarse con quien quisiera, alardeando de ello y sin consecuencias.

Un gran ejemplo de ello en la serie es la presentación del personaje de Anthony Bridgerton en el capítulo piloto. Al hermano mayor de los Bridgerton y hombre de la casa, le conocemos en un momento bastante comprometido con su amante, la cantante de ópera Siena Rosso. Durante la primera temporada, Anthony es un claro ejemplo de los libertinajes de un hombre  de su rango, más allá de que en realidad tuviese muchas más responsabilidades que sus hermanos al ser el progenitor de la familia, algo que no apreciamos hasta la segunda temporada.

La única incoherencia a esa primera escena de sexo donde conocemos su personaje es que ocurre en pleno día, en un lugar público a la vista de todos. En la Regencia verdadera, un acto así podría costarle la reputación al vizconde Bridgerton, por lo que Anthony no expondría su vida sexual de este modo si hubiese vivido realmente en la época. Libertades sí, y muchas, pero la gran mayoría a puerta cerrada o en compañía muy cercana.

El embarazo y parto en la Regencia

Si el sexo era terreno desconocido para muchas de las jóvenes aristócratas, el embarazo no se quedaba atrás. Hay que tener en cuenta que, aunque se hubiese normalizado el casarse por amor, seguía siendo una excusa para mantener negocios a flote y seguir con el patrimonio familiar.

La presión por engendrar un hijo –especialmente varón– era muy alta en estas jóvenes. La mujer de inicios del siglo XIX vivía prácticamente toda su vida engendrando hijos; desde los 20 o

21 años al casarse, hasta bien entrados los 40, una mujer podía llegar a tener entre 8 y 11 hijos en aquella época. El hecho de que no existiesen tantos anticonceptivos no ayudaba a prevenir los embarazos, pero si somos sinceros, que las familias de bien tuviesen muchos hijos era también un acto intencionado.

La muerte de los hijos era, dentro de lo que cabe, bastante común en una época donde la medicina todavía no había llegado a su momento más avanzado del siglo. Por lo que la muerte fatal, el fallecimiento de infantes o las posibilidades de enfermar y morir eran mucho más altas que ahora. Es por eso que las familias nobles no podían arriesgarse a perder a su único progenitor, por lo que tener muchos hijos era una práctica común.

Pero ¿tenían algún conocimiento esas jóvenes madres del embarazo y el parto? Por suerte, el tópico de la gestación no estaba mal visto y las mujeres podían hablar tranquilamente de sus experiencias y preocupaciones. Una joven madre primeriza era aconsejada por las mujeres a su alrededor, ya fuese la madre, una hermana casada o amigas dentro de su círculo social. Aunque a veces era preferible ahorrase el conocimiento y experiencias de alguna de ellas... Ya sea en el siglo XIX como en el siglo XXI, a veces es mejor no juntarse según con que amistades cuando estás a punto de parir.

Las mujeres embarazadas de la Regencia vivían su día a día como cualquier otro; montando a caballo, asistiendo a eventos sociales y alardeando de su situación en todos lados. Y es que, quedarse embarazada, especialmente pocos meses después de haberse casado, era todo un logro digno de admiración.

La presión por casarse era grande, pero una vez casada esa presión pasaba al embarazo. Una buena mujer debía ser capaz de darle un hijo a su marido sin dema-

¿Sabías que...?

Durante la Regencia se puso «de moda» entre las clases más altas, que las mujeres fueran atendidas y asistidas en el parto por médicos en vez de comadronas. Las «parteras» habían sido las únicas personas hasta aquel entonces en asistir los partos, ya que «permitir a un hombre acceso libre a las partes más íntimas de una mujer» no estaba bien visto. De hecho, era uno de los pocos sectores en la medicina donde las mujeres tenían alguna clase de involucración y reconocimiento. Pero de todo se saca dinero, y cuando los médicos se dieron cuenta de que asistiendo partos podían cobrar más, empezó el negocio de los partos, haciendo ver a la alta nobleza que el conocimiento de la medicina era mucho más seguro que la tradición. De ese modo, poco a poco, se fue apartando a las parteras de toda la vida y se daba prioridad al conocimiento de la ciencia.

siadas complicaciones. Es decir que, si una pareja no era capaz de engendrar un hijo, la responsabilidad era única y exclusivamente de la mujer, la contribución del marido no se cuestionaba en absoluto. No importaba si era por motivos médicos, ya que no tenían manera de saber la raíz del problema todavía.

Era común, aunque de manera discreta, que una pareja con problemas para concebir buscase asesoramiento en un médico. En aquel entonces, el conocimiento de la ovulación y otros métodos para ayudar a concebir eran bastante limitados, por lo que las recomendaciones de los médicos solo podían ayudar hasta cierto punto. Aun así, algunas de ellas y sin saber la ciencia exacta detrás, conseguían ayudar a engendrar.

Irse al campo, rodearse de aire puro en la montaña, baños termales y reducir el estrés eran algunos de los métodos más conocidos, y la verdad es que, a su manera, la mayoría de las veces funcionaban gracias a que conseguían relajar a la mujer y se hacía más fácil la concepción.

En cuanto a la gestación, las mujeres de la época no tenían impedimentos en su día a día a no ser que fuese un embarazado complicado o se sintiesen mal. De hecho, muchas de ellas se excusaban de asistir a eventos sociales diciendo que se encontraban indispuestas por el embarazo. Aunque, en los embarazos normales era muy común estar campando tranquilamente justo hasta el día antes del parto. Los médicos recomendaban a las mujeres hacer ejercicio, ya fuesen paseos a pie, en el carruaje o incluso montar a caballo. A su manera, los médicos de la época entendían que el movimiento, sin ser exagerado, era bueno para el feto y para la salud de la madre.

Entonces, si nos preguntamos por el miedo y la preocupación de las jóvenes madres primerizas de la Regencia, es fácil deducir que existía mucho de ambos. Tener un hijo era motivo de alegría y miedo, pues casi todas las mujeres conocían, habían visto o habían oído hablar de la muerte de algún familiar o conocida durante el parto. En *Los Bridgerton*, Daphne y Eloise son testigos del agonizante nacimiento de su hermana pequeña, donde están a punto de perder a su madre y al bebé. Las mujeres de la nobleza de la época debían enfrentarse al parto casi por obligación, pues formaba parte de su responsabilidad como mujer, como hija y como esposa. Incluso si eso significaba morir en el proceso.

Los bailes

Si has llegado hasta aquí, ya sabrás de sobras que la alta aristocracia británica de inicios del siglo XIX estaba sometida a innumerables normas de etiqueta. Por lo que, si te cuento que en los bailes estaban todavía más marcadas, no te va a sorprender.

Los bailes, en la Regencia, eran uno de los eventos sociales más esperados por la alta aristocracia británica. Estrictas normas de etiqueta controlaban cada baile –tanto para la conducta, vestimenta como la elección de parejas o danzas– asegurando una velada divertida dentro de los parámetros establecidos en una sociedad tan refinada. Las normas podían cambiar, o al menos variar, dependiendo del tipo de baile, la localización o la ocasión.

Se han podido recuperar algunos folletos y manuales de la época que describían el protocolo a seguir en un evento de baile. Entre ellos, el manual de etiqueta de Thomas Wilson de 1815 llamado *Etiquette of the Ball-Room* (Etiqueta del Salón de Baile). Wilson era un famoso maestro de danza en el King's Theatre Opera House de Londres que, además, solía organizar lujosos bailes a los que asistía la más alta aristocracia británica. Muchas de las normas de conducta para eventos de bailes se citan de su manual, así que las que leeremos a continuación, también lo son.

De maestro de danza durante el día a maestro de ceremonias por la noche. Thomas Wilson, como otros con la responsabilidad de ser maestro de ceremonias, debían asegurar que todos los invitados, así como los sirvientes o la banda, estuviesen al nivel de exigencia de un evento de tal calibre y siguiesen en todo

¿Sabías que...?

El Almack's fue un club regentado por mujeres que se convirtió en el punto caliente de la alta sociedad británica durante muchos años, desde el siglo XVIII hasta el XIX. Este club era un lugar social donde aumentar los círculos sociales y disfrutar de bailes junto a las personas más influyentes de la alta sociedad. Movidas más por el buen comportamiento que por el título o dinero, estas mujeres, las conocidas «Señoras Patronas de Almack's» (me encanta el nombre), se juntaban todos los lunes para decidir quién podía y quien no asistir a sus bailes de cada miércoles. Aunque de presupuesto más modesto que otros clubs, las mujeres del Almack's fundaron uno de los primeros clubs de Londres, conservándose todavía hoy en día una placa en el edificio original en su honor.

momento las normas de conducta establecidas. Yo me imagino al pobre hombre corriendo de un lado hacia otro toda la noche.

Primero de todo, el protocolo ya debía seguirse desde antes de entrar al baile. Los invitados debían ir vestidos según las normas, como comenta Wilson en su manual: «Los caballeros no deben entrar al salón de baile con botas de caña alta o de mediacaña, o con palos o bastones, ni los pantalones son una vestimenta adecuada para un salón de baile».

Resumiendo, los caballeros debían vigilar sus pies y cualquier tipo de accesorio que pudiese entorpecer o dañar a algún invitado durante la fiesta. Para las damas, debían llevar sus vestidos de noche con finos guantes que llegasen hasta medio brazo. Los guantes debían de ser blancos, aunque se permitía escoger un color un poco más subido siempre y cuando no se excediese demasiado. Puede parecer una tontería, pero no llevar la vestimenta adecuada podía costarte una multa e impedirte entrar al baile.

Una vez lograbas entrar, era de esperar que los hombres fuesen los que tuvieran una conducta más activa mientras que las mujeres esperaban junto a sus acompañantes a que ellos se acercasen. Como ya hemos comentado antes, la gente de la alta sociedad británica durante esta época no podía entablar conversación con alguien a quien no hubieran sido presentados. ¡Y mucho menos bailar juntos! Ese era uno de los cargos a asumir del maestro de ceremonias, debía asegurarse de presentar a distintos invitados para que estos pudieran interactuar entre ellos. ¿Entiendes ahora lo de correr de un lado hacia al otro?

Con las presentaciones pertinentes finalizadas, los hombres eran quienes debían acercarse a las jóvenes e invitarlas a bailar. Rechazar un baile era muy descortés por parte de una dama, así que se tenían que aguantar y bailar con cualquiera. Aunque, en el caso de rechazar una invitación, no podían volver a bailar esa noche el tipo de danza que el caballero había ofrecido de bailar. Un follón todo, la verdad.

Por otro lado, si la presentación era sola y exclusivamente para poder disfrutar de un baile, no se consideraba un acercamiento amistoso o que las dos partes se convirtieran en amigos. Simplemente significaba que la próxima vez que se viesen el caballero podía saludar cortesmente a la dama sacándose su sombrero e inclinando un poco su cabeza. Entonces ella, podía saludar de vuelta y ambos proseguían con su camino. Un hola qué tal, adiós muy buenas.

Carné de baile

Antes de continuar con la etiqueta de los bailes, hagamos un *stop* para hablar de un concepto que me parece interesantísimo y que era muy común tanto en la Regencia como en épocas posteriores. Estoy hablando de los «carnés de baile».

Un carné o tarjeta de baile era un pequeño papelito o librito que se les entregaba a las damas, especialmente a las jóvenes casaderas, donde debían apuntar por orden todas las invitaciones de baile que aceptaban. Había carnés de bailes de todo tipo, incluso algunos mucho más ornamentales o con forma de abanico.

De este modo, siguiendo la lista, debían bailar con todos y cada uno de los nombres que aparecían en sus tarjetas. En la segun-

En el carné de baile las jóvenes anotaban las invitaciones al baile que aceptaban.

da temporada de *Los Bridgerton*, podemos ver a Eloise esconderse por la sala para no tener que aceptar ninguna invitación o conceder los bailes que ya había aceptado a regañadientes.

Estos carnés normalmente se entregaban en la entrada y debían llevarse en algún lugar visible para que los caballeros pudiesen echar un vistazo disimuladamente y ver lo larga o corta que era la lista de cada chica, sabiendo así si tenían posibilidades de pedir uno más.

Si perdías el carné, debías ir inmediatamente al maestro de ceremonias para informar de la situación y conseguir uno nuevo, y supongo que rezar por acordarte de todos los nombres que tenías en la lista...

Otras normas de etiqueta de estas fiestas consistían en no hacer ruidos o exclamaciones demasiado altas ni escandalosas;

los chasquidos de dedos o los aplausos estaban prohibidos para no importunar a los demás; una vez se empezaba un baile, no se podía abandonar hasta que la música cesase; las parejas que deseaban bailar juntas podían pedir el baile que quisieran –dentro de los establecidos– al maestro de ceremonias.

Y la lista sigue: un mismo baile no podía ser pedido por segunda vez durante esa noche; no se permitían otra clase de movimientos que no correspondiesen con la pieza que tocaba; una vez finalizado un baile, el maestro de ceremonias avisaba al líder de la banda para que continuase y así evitar aplausos innecesarios.

> **¡Dato curioso!**
>
> Estaba permitido que dos mujeres bailasen juntas siempre y cuando pidieran permiso al maestro de ceremonias. Y aunque un baile entre hombres no era una conducta muy común ni bien vista, había algunas ocasiones en que sí se permitía: en bailes del ejército o cualquier danza donde hubiera escasez de mujeres.

Hay que hacer una distinción entre los bailes de ciudad y los bailes de zonas rurales o de campo. Si el baile de la Regencia que tenemos en mente es aquel que vemos en películas como *Orgullo y Prejuicio* (2005), entonces no estamos viendo las danzas tradicionales de la época. Aunque recomiendo –ya no solo por los bailes– ver la película *La joven Jane Austen* donde se representan algunas danzas de la época, así como otras particularidades de la Regencia. Además de ser una película magnífica sobre lo que pudo haber inspirado a Jane Austen a escribir *Orgullo y Prejuicio*.

La presentación entre Bingley y la familia Bennet ocurre durante el transcurso de un evento de baile que reúne a todas las familias de la localidad de los Bennet. Es un baile campestre, con mucho ruido y mucho movimiento. Y es que los bailes amistosos en el campo no seguían las mismas normas de conducta, o al menos, no tantas ni tan estrictas. Darcy, Bingley y su hermana vienen de la ciudad, acostumbrados a bailes más refinados que ese y es por eso que se muestran distantes, incluso asombrados por tal descontrol en un evento así.

¡Primer encuentro entre Elisabeth y Darcy! Escena de *Orgullo y Prejuicio* (2005).

Es más adelante, en el baile en casa de Bingley, que podemos ver un cambio total en la conducta de los invitados, desde la vestimenta hasta el comportamiento. Elisabeth y sus hermanas van vestidas de blanco, como es etiqueta en una ocasión así, con recogidos bien hechos y una actitud recta y sofisticada. Muy distinta de su actitud desenfadada, relajada y acomodada del primer baile. ¿Eran los bailes amistosos del campo más divertidos? Si eras un espíritu libre como Lizzy, puede que sí, pero con una personalidad tímida y reservada como la de Darcy seguro que disfrutarías mucho más de los bailes de Thomas Wilson.

Los bailes más populares

Durante el periodo de la Regencia había una cantidad determinada de bailes apropiados para la clase alta de Inglaterra. Durante esta época, los bailes lentos tipo vals, donde el acercamiento de los cuerpos es necesario, todavía no estaba implantado en la sociedad, de hecho, acercarse demasiado o tocar al otro sexo durante mucho tiempo al bailar, no estaba bien visto.

Una escena de baile en *La joven Jane Austen*.

Los bailarines podían cogerse de las manos si así lo pedía el baile, pero más allá de eso se consideraba indecoroso. También es cierto que, en la Regencia, los bailes tenían unos pasos bien asignados y debían seguirse al pie de la letra, por lo que no había lugar a improvisar ni a dejarse llevar por el compañero de baile. Era un *flashmob* en toda regla.

Muchos de los bailes regionales popularizados en aquella época habían nacido en las Islas Británicas y consistían, la mayoría de ellos, en ejecutar una serie de figuras con dos o más bailarines involucrados, creando una especie de cadena humana que se iba sumando a la fila de bailarines. Se los conocía como «contradanzas». Cada grupo o sección de la fila debía interactuar con

¡Dato curioso!

El vals ya era un baile conocido por aquel entonces, pero quedaba muy lejos del «baile de pareja» que conocemos hoy en día. Fue un tal barón Neuman quien acercó por primera vez el vals en pareja a la alta sociedad británica, pero no tuvo mucho éxito. Lo consideraron un baile inmoral, muy alejado de lo que ellos consideraban puro. Curiosamente, fueron las damas de Almack's las que empezaron a considerar incluir ese tipo de baile en sus fiestas.

los demás bailarines creando estas repeticiones –normalmente bastante animadas– hasta que todos los participantes de la fila se incorporaban al baile.

La danza más elegante y reconocida para dar comienzo a la mayoría de los bailes y fiestas, era el minueto. Se utilizaba como el primer baile de la noche siempre y cuando la mayoría de los invitados supieran bailarlo. También era aceptable que las parejas pidiesen el minueto al entrar al salón, empezar una fiesta con esta danza excitaba a los invitados y daba paso a una velada amena y divertida.

El minueto o minué era una danza de pasos gráciles, aunque complejos. Los movimientos debían ser elegantes y fluidos, y cada paso debía ir de acuerdo con la música. Se necesitaba una

La danza que abría el baile solía ser un minueto.

buena coordinación de brazos y piernas, siempre atento al compañero de baile, creando figuras ligeras y con gracia.

Otro baile popular como el minué, era la gavota, ambos originarios de Francia, pero con tempos y figuras muy distintas. La gavota podía ir acompañada de un cantante solista en alguna de sus versiones. Es una danza que se puede apreciar en algunas historias de época, pues sus pasos de baile favorecen y ayudan a realizar el tono de las escenas. Y es que, una de las versiones de

El baile llamado cuadrilla, originario de Francia, se popularizó por sus movimientos animados y seductores.

esta danza, consiste en tener dos grupos de parejas interactuando entre sí; una de las parejas se encarga de los movimientos más dinámicos, en formaciones circulares y cruzándose entre sí; la otra pareja toma una coreografía más pasiva, sin moverse demasiado del lugar pero con los pasos de baile más rítmicos.

Estos dos bailes se consideraban danzas de la corte, ya que originalmente fueron creadas para disfrutar en la compañía de la familia real. Pero existen otras danzas más amenas, de pasos más amistosos y exagerados que llevaban a los invitados hacia la pista de baile. Como es el caso del cotillón, que al menos en España ya nos suena a fiesta.

El cotillón también fue importado desde Francia sobre el año 1770 y se convirtió en el baile perfecto para que las jóvenes debutantes y los varones solteros pudiesen intercambiar miradas, palabras y coquetear en un ambiente desenfadado. El baile era una «contradanza», así que los bailarines formaban una especie de cuadrado e intercambiaban las parejas durante el transcurso de la danza. Era un baile en el que participaba una buena parte de la realeza, permitiendo mezclarse con otros y otras nobles en un ambiente más relajado.

La cuadrilla, originaria de –¿lo adivinas?– Francia, era un baile muy coqueto que empezó a aceptarse en Inglaterra alrededor del 1815. Sus pasos de baile tan animados y de tipo seductores costaron un tiempo en asentarse en la sociedad, fue en los eventos sociales de las damas de Almack's donde empezaron a coger popularidad. Me atrevería a decir que el Almack's fue un lugar de aceptación, introducción y liberalismo comedido dentro de lo que eran los bailes de la época.

La música

La música en la Regencia vivió un cambio bastante importante, y es que fue durante este periodo en que después de haber disfrutado del Clasicismo durante años, empezó a emerger el Romanticismo, cambiando por completo el entendimiento de la música en la época.

Por aquel entonces si la gente quería escuchar música, solo había ciertos lugares a los que podían acudir o en ciertas ocasiones. Por eso, en casi todas las familias de bien, los miembros estaban instruidos en instrumentos o canto. La gente se valía de sus propias habilidades musicales para disfrutar de ella y hacer pasar un buen rato a los amigos o la familia.

Por las calles de Londres se

Por las calles de Londres podían verse músicos y bandas callejeras.

podía escuchar música a menudo. Había músicos y bandas callejeras que ponían melodías a la atareada vida de los londinenses. Había bandas tocando en tabernas y bares sin mucho ánimo de lucro. En los pueblos y lugares de campo los mismos lugareños encontraban el tiempo de sacar su instrumento a la calle y disfrutar en compañía.

No fue hasta inicios del 1800 que se empezaron a contratar todas estas bandas y músicos con cierto nivel para trabajar en

eventos sociales como fiestas, bailes, bodas, etc. Poco a poco se fue introduciendo el oficio de manera oficial, considerándose un trabajo más o menos respetable, siempre y cuando tuvieses el nivel exigido. No hacía falta ser Mozart –del que hablaremos más adelante– pero la nobleza británica tampoco metía a cualquiera en sus mansiones.

Cabe mencionar que la música, aunque practicada y la mayoría de las veces instruida por ambos sexos, tenía u papel muy importante en la vida de las mujeres. Y es que como bien dice Bingley en *Orgullo y Prejuicio*, no había ni una sola mujer que no conociese cómo tocar el piano o algún otro instrumento por el estilo.

Las mujeres de la Regencia aristocrática debían saber tocar algún instrumento con decoro; cantar, aunque fuese a niveles justos y estar interesada en asuntos similares. Daphne Bridgerton se pasa casi toda la primera temporada de la serie intentando componer una canción en el piano del salón familiar, muy a pensar de su hermana Eloise. Y si nos fijamos en otras películas de época basadas en la Regencia, podremos apreciar que al menos una mujer en cada familia aparece tocando el piano.

Tomemos *Orgullo y Prejuicio* como ejemplo. La misma Elisabeth comenta cómo todas sus hermanas han sido instruidas en el arte de la música, a pesar de que ella admita no ser muy buena en ello. En la cena en casa de lady Catherine de Bourgh, Lizzy se ve obligada a tocar una pieza en el piano, pero no es la única que podemos ver tocando el ese instrumento, especialmente en la versión de 2005 con Kiera Knightley (la mejor versión de la historia digan lo que digan).

Mary Bennet es apasionada de la música, podríamos decir que es todo lo que hace durante la historia. Está enganchada al piano hasta tal punto que su propia familia está harta de oírla. Los Bennet, aunque no son una familia de clase baja, tampoco lo son de clase alta, y aun así disponen de un piano en su salón, un gran indicador de la importancia de la música en la época.

Por otro lado, tenemos a Georgiana Darcy, la hermana del señor Darcy, quien es conocida por ser una joven prodigio del piano. Es tanta la importancia y la habilidad de la joven que Darcy, siendo el millonario que es, hace construir una habitación solo para ella y el piano en la casa. De hecho, todos junto a Lizzy, somos testigos de lo buen pianista que es, entendiendo los halagos anteriores hacia ella. Desde ya puedo decir que yo hubiese sido un fracaso como joven dama de la alta sociedad británica a inicios de 1800.

Georgiana, una virtuosa al piano en *Orgullo y Prejuicio* (2005).

¡Ojo al dato!

Las mujeres aprovechaban las canciones y sus letras para poder hablar sin tapujos sobre temas indecorosos o prohibidos en sus conversaciones diarias. Las letras por aquel entonces, casi todas escritas por hombres, eran muy directas y explícitas. Todo lo que no estaba permitido decir de normal, sí se podía cantar. Era muy común poner acento escocés para cantar esas canciones, de ese modo la gente a tu alrededor sabía que lo que decías era solo por la canción. Por eso, muchas mujeres cantaban sobre sexo y otros temas sin miedo a ser juzgadas.

Hay infinidad de cartas que siguen intactas sobre Jane Austen, cartas que ella escribía a su hermana o a su hermano, hay testimonios de personas a su alrededor hablando de ella y, en todo eso, es muy notorio la pasión que sentía Austen por la música. En la película de 2007 con Anne Hathaway *La joven Jane Austen* que retrata el único amorío que se ha encontrado en la vida de Jane Austen, podemos verla sentada junto al piano en muchas ocasiones. De hecho, la primera escena de la película nos muestra una joven Jane despertando a toda su familia bien temprano por la mañana con las notas estridentes del piano. Aunque parezca gracioso, es una anécdota verdadera, Jane Austen solía despertarse temprano, mucho antes que su familia, para practicar el piano. ¡Y practicaba durante horas!

Las Sonatas de Beethoven.

Jane tenía bastantes conocimientos sobre música como cualquier joven de la época. Fue instruida durante años por el Dr. Chard, un organista en la Catedral de Winchester. Y según sus familiares, Jane solía cantar a menudo, se acompaña a sí misma con el piano y deleitaba a su familia y amigos con su voz fina y aguda. Si se hubiese dedicado a la música, probablemente también hubiese triunfado, aunque le agradecemos que decidiera escribir. Me pregunto cuánto daño hubiese hecho en la literatura romántica si no hubiésemos tenido a Elisabeth y Darcy como referencia...

Música clásica de la época

Volvamos al cambio de estilos que se vivió durante la Regencia. Desde el 1770 hasta el 1815 se conoce ese periodo como el del Clasicismo. Fuera de la música también era un movimiento cultural que daba importancia a la simplicidad, el decoro, la elegancia, la racionalidad y la perfección. El clasicismo entendía «el hombre como medida de todas las cosas». Y todo eso se traduce a que, durante el clasicismo, no existía la misma profundidad en las melodías, todavía no se experimentaba la música como un sentimiento que inspirase y despertase sensaciones más personales en uno mismo.

La música de este periodo era alegre, elegante y servía como entretenimiento y diversión. Tenía una rítmica clara, había simetría en sus frases, melodías simples que asemejasen a la naturaleza y lo más importante, tuvo un *boom* tan grande que tanto la aristocracia más alta como la burguesía atendían en masa a los teatros y óperas. Muchos músicos de ese periodo se dejaron llevar por la popularidad de esas melodías, haciendo todavía más contundente este estilo clásico.

La sonata y la sinfonía cobran mucha importancia durante este periodo y el instrumento que domina por encima de los demás es el piano. Las partituras del Clasicismo tenían un nivel de complejidad fácilmente alcanzable para personas como Jane Austen que tocaban en la privacidad de su hogar. Eso hizo que hubiese mucha demanda de papel de partitura y, por lo tanto, que subiese su precio. Aunque a falta de papel de partitura, y como hacía la joven Jane, uno siempre podía pedir prestadas las partituras y copiarlas a mano desde cero en un papel en blanco.

¿Sabías que...?

Jane Austen era una auténtica coleccionista de partituras. A ver, no es que las coleccionara, ella simplemente compró, copió y recibió de regalo durante todos sus años de vida un sinfín de partituras, creando ocho álbumes musicales propios. Álbumes que todavía se conservan hoy en día. La mayoría de las canciones que Jane tocaba eran con notas vocales, ya que el canto era también uno de sus fuertes. Jane prefería canciones que contaban historias –¡no esperábamos menos!– o canciones de carácter cómico como las de Charles Dibdin que solía copiar a mano de principio a fin. Además, como hemos visto con Daphne Bridgerton, las y los jóvenes de la época tenían el conocimiento de música adecuado como para componer sus propias melodías.

Aunque si hablamos de compositores del Clasicismo, tenemos que ver, sin duda, a los grandes como Mozart, el niño prodigio y una de las más grandes figuras de la ópera del siglo XVIII; a Haydn, el padre de la sinfonía que se inspira en melodías de tipo popular; o incluso al gran Beethoven, que fue uno de los músicos más famosos en dar el salto a otro estilo, arriesgando a romper con el *trend* o la moda del momento. Beethoven había sido fuertemente influenciado por otros compositores como Mozart o Haydn, pero a partir del 1800 se empezó a introducir un nuevo movimiento cultural en la música de la época que afectó fuertemente a las melodías de Beethoven. ¡Era el momento de que llegara el Romanticismo!

El Romanticismo es el movimiento musical que más se asemeja o que todavía conservamos en la música de hoy en día. ¡Incluso en el regguetón! Sí, es un hecho. El Romanticismo introdujo una nueva forma de sentir la música, ya no era solo una melodía divertida, alegre y con mucha claridad, sino que se empezó a dar importancia a la forma de componer. El «estilo Regencia» que hemos visto unos capítulos antes, ese movimiento cultural, literario, filosófico y artístico está fuertemente influenciado por la entrada del romanticismo musical.

Músicos como Schumann, Chopin, Bruckner, Liszt o Brahms eran los predecesores de Beethoven. Músicos cuyas melodías han sido influenciadas en mayor medida por el romanticismo. Estas nuevas melodías tenían un carácter más profundo, con tintes melancólicos y oscuros. Ya no era música popular o procedente de las canciones folklóricas como ocurría con el clasicismo, era música sentida, sinfonías en su mayoría, compuestas con el piano como instrumento principal.

Así que, por si te lo estabas preguntando... Sí, Jane Austen, Elisabeth Bennet y Daphne Bridgerton vivían en los días de Mozart y Beethoven. Dentro de 200 años alguien nos mirará a nosotros como los que vivieron los tiempos de Michael Jackson, Rosalía o BTS. Puede que Jane no tuviese un álbum firmado por Mozart, pero sí que guardaba y tocaba muchas de sus partituras. Claro que, en aquel entonces, muchas de las personas que escuchan a estos grandes de la música clásica, no le daban importancia o reconocimiento como hacemos ahora.

Y es que, a inicios del 1800, las preferencias por la música en las distintas generaciones también discernía bastante. Los jóvenes de la Regencia preferían las nuevas melodías del momento, los nuevos hits y compositores más bohemios. El Romanticismo calaba mucho mejor entre las nuevas generaciones, quienes empezaban a desarrollar otra mentalidad hacia el «ser» y hacia el «yo». Nunca pensé que las clases de filosofía en el instituto me sirvieran para algo, pero aquí estamos.

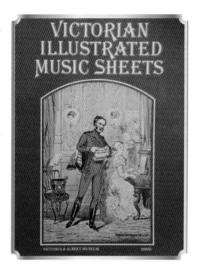

Puede que, con ese pensamiento, los productores de *Los Bridgerton* decidieran volver loco a medio mundo con su mezcla musical contemporánea y clásica para la banda sonora de la serie. ¡Vamos a verlo!

Banda sonora de *Los Bridgerton*.

Canciones pop al estilo Regencia

Hemos visto los cambios en las leyes raciales de la serie, los cambios en algunos de sus personajes históricos más importantes, pero la banda sonora fue uno de los componentes innovado-

res de la serie que más gustó al público. Sin olvidar al puñado de *haters* que no perdonan ni una licencia histórica.

Lo que Shonda Rhimes y su productora consiguieron fue una preciosa fusión de estilos para ambientar la ya de por sí ficticia Regencia de *Los Bridgerton*. Teniendo en cuenta a su público objetivo y el tono de la serie, decidieron escoger un listado de las canciones contemporáneas más famosas del momento y versionarlas al estilo clásico. No es por nada, pero estoy segura de que a muchos de los jóvenes de la Regencia les hubieran encantado.

Kris Bowers, el compositor y pianista americano que escribió la banda sonora de la película *Green Book* ha sido también el compositor de *Los Bridgerton*. Kris y otros ocho músicos estuvieron durante todo el confinamiento componiendo las melodías para la serie. Kris contó en *Headliner Magazine* que la banda sonora de *Los Bridgerton* se compuso durante la pandemia, de forma remota, junto a un puñado de músicos y sus propios instrumentos en casa. Así que, aunque el sonido en la serie nos recuerde a la grabación de una gran orquesta, todo fue en realidad gracias a la magia de los músicos de Kris y la postproducción de las canciones.

Por lo visto, Kris no quería componer temas cursis, esos temas melodramáticos que suelen acompañar a las historias de época como esta. Decidió seguir los pasos del guion, innovando en la forma de contar la historia y mezclando dos siglos tan diferentes hasta convertirlo en una banda sonora de su propio estilo. ¿Estoy escribiendo este libro con la BSO de *Los Bridgerton* de fondo? Sí, por supuesto sí.

La banda sonora incluye algunos temazos del siglo XXI versionados por Vitamin String Quartet, un cuarteto de cuerdas americano. Tanto la primera temporada como la segunda incluyen las melodías de canciones como «Thank u, next» de Ariana Grande, «Dancing on my own» de Callum Scott, «Wrecking Ball» de Miley Cyrus o incluso «Material Girl» de Madonna. Melodías que fusionan la música contemporánea con la clásica a la perfección.

El boxeo

Nos vamos de la música a los guantazos. Así, pim pam, por qué no. Los bailes, la música y actividades similares estaban muy orientadas al público femenino, aunque ambos sexos podían disfrutar de estos entretenimientos y sacar algún beneficio de ello. En cambio, existían algunas actividades en la época casi exclusivas para los hombres, actividades más físicas donde no tener que ser tan cortés y estar siempre atento a las damas.

Una escena de boxeo en *La joven Jane Austen*.

Puede sorprender, pero el boxeo era una de ellas. Si bien no era una actividad del todo legal, el boxeo tenía una gran popularidad, sobre todo en cuanto a apuestas se refiere. Fue durante la Regencia que el boxeo tuvo su despegue más notorio y donde empezó su transición de peleas salvajes a deporte honrado.

Desde finales del 1600 ya se hacían competencias de boxeo en el Royal Theatre de Londres. La palabra «boxeo» se utilizó como forma para poder diferencias peleas callejeras cualquieras y riñas de honor, con el espectáculo y el entretenimiento que una competición de boxeo ofrecía. Aunque fuese incluso más bestia que las peleas normales...

Y es que, las competiciones de boxeo por aquellos tiempos eran muy distintas a las de ahora. Era una lucha salvaje y feroz que permitía todo tipo de asaltos, golpes, mordidas y sin apenas reglas que protegieran a los participantes. Con decir que la pelea terminaba cuando uno de los dos oponentes ya no podía ni levantarse del suelo, lo digo todo. Más que boxeo, era lucha libre, todo valía mientras dejases KO al contrincante.

Como en muchos aspectos de la historia, tuvo que darse una tragedia para que se instaurara una normativa que asegurase el bienestar de los boxeadores. Durante el siglo XVIII apareció el «Padre del boxeo», el famoso boxeador inglés Jack Broughton. Este boxeador tuvo una pelea que le marcó su vida y que sería el detonante de un boxeo más seguro que más tarde se acercaría al deporte tal y como lo conocemos hoy en día.

Jack Broughton compitió en una pelea de boxeo habitual en aquel momento contra George Stevenson. Tres semanas después de la competición, George falleció a causa de las lesiones recibidas por parte de Jack durante la pelea. Este incidente marcó tanto a Jack Broughton que estuvo a punto de retirarse del boxeo. La culpa lo comía por dentro, pero al final, puso ese dolor en acción y decidió dar un sentido a la muerte de George. Desde ese momento Jack se propuso inventar las primeras reglas de boxeo y en 1743 ya lo había conseguido.

Broughton inventó los guantes de boxeo, o como los llamaban en esa época, los «amortiguadores». Y también fue el primero en construir cuadriláteros de madera cubiertos con una lona para impedir que el público invadiera el ring. ¿Te imaginas? Era muy común en aquellos tiempos que los mismos espectadores se metieran en medio de la pelea, dejándose llevar por el frenesí y la excitación del momento por acercarse al boxeador por el que habían apostado su dinero. Un poco como pasaba en los campos de fútbol antiguamente, cuando la división entre las gradas del público y el campo era apenas inexistente.

En *Los Bridgerton* podemos ver un ejemplo de estos cuadriláteros en la primera temporada, cuando Simon se desfoga sobre el ring con su amigo Will, del que hablaremos en unos minutos. Todos estos cambios que estaban viviendo las competiciones de boxeo no se aceptaron tan fácilmente, tuvieron que pasar años hasta que las nuevas generaciones de boxeadores prefirieran usar guantes y mantener un orden y normativa que les asegurase su bienestar en el ring. Normas como esperar diez segundos cuando el contrincante caía al suelo para darle tiempo a levantarse, marcando un *knock out* en caso de que no pudiera, o instaurando asaltos de solamente tres minutos con uno de descanso entre medio.

Para cuando llegó la era de la Regencia, si conseguías convertirte en un campeón del boxeo en Inglaterra, también lo serías en el mundo entero. Los boxeadores ingleses estaban en lo más alto de la competencia, por

¿Sabías que...?

En 1867, John Graham Chambers, dueño del Club Atlético Amateur decidió idear un nuevo conjunto de reglas para acabar de reafirmar el boxeo de una forma segura, ordenada y metódica. Para ello tuvo que buscar el patrocinio del noveno marqués de Queensberry, John Sholto Douglas. Entre algunas de las reglas como los asaltos en tres minutos o los diez segundos para levantarse, también instauró la primera clasificación por pesos con cinco categorías distintas: gallo, pluma, ligero, medio y pesado. Todas estas normas se conocen como las famosas reglas de Queensberry y todavía hoy se conservan en el boxeo moderno.

delante de Estados Unidos, su gran rival. El boxeo vivió su época dorada durante este periodo y dejó muchos nombres famosos dentro del deporte. En cuanto a la ficción de *Los Bridgerton*, los creadores no desperdiciaron este momento histórico, la serie nos muestra una pincelada de la locura y desenfreno que traía el boxeo en una época aparentemente noble y caballerosa.

De nuevo, otro claro ejemplo del fervor que despertaba el boxeo en la Regencia lo podemos ver en *La joven Jane Austen*, donde un joven, apuesto y carismático James McAvoy interpreta a Tom Lefroy, el único posible amor que se conoce en la vida de Jane. En la película se aprecia ya el uso de los guantes y otras normas recientemente aceptadas.

¿En quién se inspira el personaje de Will Mondrich?

Uno de los muchos cambios, o en este caso, inclusiones que hace la serie respecto a los libros, es la trama de Will Mondrich. Este es uno de los pocos personajes que no forma parte de la alta sociedad británica. En la primera temporada, él y su mujer Alice regentan un ring de boxeo en el que él mismo participa. Will es un amigo de Simon, con quien comparte momentos de frustración y miserias. Gracias a su papel, podemos meter la cabeza en el mundo del boxeo de la Regencia y las artimañas que ahí se cocían, como las peleas amañadas.

Bill Richmond fue uno de los boxeadores de origen africano más famosos en la Regencia londinense.

No era extraño en ese entonces –aunque a veces tampoco lo es ahora– amañar las peleas. En la serie, Will se ve envuelto en un revuelo de apuestas por culpa de Lord Featherington, quien endeudado hasta las cejas encuentra su única salida en una pelea de boxeo comprada.

Pero lo más interesante de este personaje ficticio inventado exclusivamente para la serie, es la persona real en la que está basado. Bill Richmond fue uno de los boxeadores de origen africano más famosos en la Regencia londinense. Quien, a diferencia del personaje de la serie, nunca abandonó su pasión por el boxeo y se dedicó a ello hasta su muerte.

Bill nació en Nueva York en 1763 y vivió una vida de esclavo hasta que fue descubierto por lord Percy, un oficial británico, durante la Guerra de Independencia de los Estados Unidos. Este oficial lo vio pelear en bares y tabernas contra soldados británicos y quedó tremendamente impresionado con sus habilidades siendo solo un adolescente. Después de preparar él mismo peleas para disfrutar del talento de Bill, un día decidió comprar su libertad y llevárselo consigo de regreso a Inglaterra en el año 1777.

Bill era analfabeto y no tenía ningún recurso para una vida digna, así que el oficial británico se encargó de que aprendiera a leer y a escribir, formándole para que pudiera conseguir un oficio. Al cabo de un tiempo, empezó a trabajar como ebanista en York y, más adelante, tras retirarse de competiciones, abrió una academia de boxeo en la que impartía clases él mismo como profesor. Pero no fue hasta cumplidos los 40 años que Bill empezó a boxear como profesional del deporte y a ser reconocido como uno de los mejores.

Era imposible vivir de las peleas y mucho más siendo un hombre negro en aquella época. Pues Bill, al contrario que en *Los Bridgerton*, sí vivía en una sociedad racista y sufrió bastantes ataques y menosprecio durante su vida en el Reino Unido. No obstante, Bill consiguió vivir una vida digna y a su manera. Pese a su apodo de «el diablo negro», el boxeador encontró el amor en una mujer inglesa con la que contrajo matrimonio en 1790 y con quien tuvo varios hijos. Por culpa de ese apodo, Bill se vio envuelto en un altercado cuando alguien hizo un comentario despectivo hacia su mujer.

Y es que, a diferencia de *Los Bridgerton*, los matrimonios interraciales no estaban bien vistos.

Parecido al personaje de la serie, Bill también abrió un pub del que fue propietario varios años y, además, mantuvo una amistad muy cercana con un miembro de la alta sociedad británica como era Thomas Pitt, el segundo barón de Camelford, así como Will y Simon en la serie.

Bill Richmond nunca abandonó el boxeo y estuvo viviendo del deporte hasta su muerte en el 1829. Se convirtió en una de las figuras más conocidas y respetadas del boxeo en su época, llegando incluso a mostrar exhibiciones delante de la familia

¡Ojo al dato!

¿Has notado algo extraño en el nombre de ambos? Si había alguna duda en si el personaje de la serie está basado en el boxeador real, solo hay que pararse a leer los apellidos de ambos. Mondrich es simplemente el revés de las dos sílabas de Richmond. Y, obviamente, a Bill solo le cambian la primera letra.

real. La vida de Richmond, pese a no ser perfecta, tampoco era muy común para un hombre de piel oscura en plena Regencia. Se le brindó una oportunidad que supo aprovechar, trabajando como fuese para ganarse la vida y nunca dejando atrás su pasión y talento.

La caza

Un deporte muy apreciado entre los caballeros de la aristocracia británica era la caza. Durante la Regencia, salir a cazar no solo formaba parte de una actividad social y divertida, sino que también era el modo de controlar el número de población de algunas especies y proporcionar comida para la familia. Así que, aunque lo esté escribiendo a regañadientes, la caza servía, de algún modo, como reguladora de la naturaleza de la Inglaterra rural de inicios del 1800.

Cazar estaba considerado una práctica deportiva y social, normalmente reservada solo para los hombres de la alta aristocracia. Era la ocasión perfecta para estrechar lazos y reafirmar amistades. Básicamente, para cazar tenías que ser rico, pues había muchos gastos a tener en cuenta. Primero de todo, solo podían cazar aquellos que eran propietarios de tierras de un valor mínimo de 100 libras al año o con tierras alquiladas de mínimo 150 libras al año. Además, ese terreno debía tener una gran cantidad de hectáreas donde cazar.

Salir a cazar era una de la actividades sociales más habituales entre las clases altas.

Aquellos que no poseían tierras propicias para la caza, podían ser invitados a las tierras de otros, pero en ningún caso se podía traspasar sin permiso y cazar nada en terreno ajeno. Hacerlo estaba considerado caza furtiva y estaba castigado con penas de deportación ¡o incluso ahorcamiento!.

Aquellos con todas las normativas en regla podían poseer perros de caza como los cocker spaniel, los setter ingleses o los pointer. También debían llevar caballos a las cacerías, al menos dos para ir turnándolos. Y, por último, las escopetas de caza. Todo ello requería de un nivel adquisitivo más elevado que el de la mayoría, por lo que solo la gente noble participaba en tales eventos.

Las mujeres no solían participar, pero no estaban excluidas del todo. Era adecuado para una mujer acompañar a los cazadores a caballo, u observar la cacería desde un carruaje a lo lejos. Aunque la mayoría de ellas se quedaban en la tranquilidad del hogar con sus propios asuntos, lejos de animales muertos y largas horas de observar aves.

En la Regencia era muy común la caza de faisanes, ciervos, zorros y liebres, aunque algunas especies y sus hábitats quedaban fuera de lo permitido, asegurando así las poblaciones y sin destruir sus hogares. Pero había dos tipos de caza que los nobles ingleses disfrutaban por encima de las demás: la caza del faisán y la caza del zorro.

Escena de la caza del faisán, una de las modalidades más comunes de la época.

La caza del faisán era probablemente la más común, pues durante la Regencia había abundancia de esta especie de ave, habiendo aprendido a conservar su hábitat después de que un siglo atrás casi los extinguiera. Las mejores horas para salir a cazar era por la mañana, dos horas después del amanecer aprovechando que los faisanes salían a buscar comida; sobre el medio día, cuando los faisanes descansaban en sus nidos y por la tarde, sobre las 4, cuando estos volvían a salir después del descanso. Al ser un animal de rutina tan marcada, permitía a los cazadores empelar un horario propicio para su caza.

Otro de los motivos por los cuales el faisán era un animal muy común para la caza, era su fácil y rápida reproducción. Los faisanes son un animal que incluso en los peores momentos encuentran el momento para reproducirse y tener a sus crías. De este modo, los nobles de la Regencia siempre tenían aves para cazar. El promedio de faisanes cazados por día era de unos doce, aunque los cazadores más hábiles podían llegar hasta los cien en una semana.

> ## ¿Sabías que...?
>
> Por lo visto, durante la Regencia, perseguir lo «incomible» era uno de los deportes más populares. Por lo que la caza, especialmente la del zorro o cualquier otro animal poco común en la dieta de la época, se convertía en un evento importante para los nobles de inicios del 1800.

Por otro lado, estaba la famosa caza del zorro. Esta práctica fue prohibida en el Reino Unido el año 2005, pero países como Australia o los Estados Unidos todavía la practican. Así como con los faisanes, la caza del zorro empezó siendo un entretenimiento que ayudaba a regular la población desmesurada de este animal, pero en los tiempos de Regencia, simplemente era un evento deportivo más.

Como el que se va de camping, los caballeros de la época preparaban a sus caballos y perros sabuesos para una cacería que duraba alrededor de los seis días. Los sabuesos se entrenaban especialmente para la caza de este animal, y los cazadores más adinerados y con más categoría en el deporte, podían tener alrededor de los doce perros. Tanto los perros como los caballos habían sido criados solo y exclusivamente para la caza del zorro.

La temporada de la caza del zorro empezaba justo después de que las hojas de los árboles cayeran por el frío del invierno y duraba hasta el inicio de la primavera. Los eventos de caza solían darse los meses antes de que comenzase la temporada social, una vez terminada la caza, las familias aristócratas hacían las maletas en sus mansiones de campo y volvían de nuevo a la ciudad, listas para dar comienzo a una temporada de bailes y otros eventos de alto estándar.

Juegos y pasatiempos «Austenianos»

Con qué se divertía la gente en la Regencia? Sin electricidad, internet, televisión ni plataformas de streaming, los pasatiempos austenianos como me gusta llamarlos, consistían en juegos de mesa y de ejercicio físico al aire libre.

La familia Austen disfrutaba de una variedad de juegos para pasar las largas tardes de invierno o los días de verano más calurosos, aprovechando el buen tiempo tan escaso en Inglaterra. Y como los Austen, otras familias de la época –aristócratas o burgueses–, disfrutaban de pasatiempos muy caseros que proporcionaban risas y demostraciones de ingenio a los participantes.

Es decir, a falta del parchís, la oca o el UNO, los antepasados británicos de hace 200 años tenían sus propios métodos de diversión que no involucrase eventos grandes ni salones de baile. Aunque algunos juegos eran más llevaderos que otros...

Palamallo

En la segunda temporada de *Los Bridgerton*, somos testigos de uno de los juegos más comunes de la Regencia. Anthony y su familia pasan un fin de semana alejados de las calles y el cotilleo londinense para estrechar lazos con la familia Sharma en su casa de campo. Aprovechando los espacios al aire libre que ofrece esta mansión campestre, los jóvenes de ambas familias deciden pasar una tarde divertida jugando al palamallo mientras sus madres toman el té con pastas observando los avances y acercamientos entre sus hijos. Pero ¿qué es el palamallo?

Los Bridgerton jugando al palamallo.

El palamallo era un juego al aire libre considerado el predecesor del criquet actual. Originalmente conocido como *pallamaglio* por su procedencia italiana, la etimología de este juego ha variado al largo de los años según el país donde se jugaba. Aunque parece ser que su origen reside en Italia, el juego empezó a hacerse famoso en Europa gracias a la influencia francesa.

¿Sabías que...?

Pallamaglio es la versión italiana y original del nombre de este juego. Está formada por las palabras latinas *palla* y *malleus* que significan «bola» y «martillo» respectivamente. En Francia se popularizó con el nombre *paille-maille* y en Inglaterra como *pall-mall*. ¡Pero España no se quedó atrás! Los españolitos de la alta aristocracia a inicios del siglo XIII ya jugaban a este juego, y decidieron traducirlo como «mallo».

En 1630, un aristocrático francés decidió montar una cancha de palamallo en medio de la plaza de St. James de Londres, introduciendo así el juego a la alta sociedad británica. Con los años el juego se adaptó al país y para cuando llegaron los inicios del 1800, el palamallo ya se había convertido en un juego muy común para las familias nobles inglesas, como es el caso de los Bridgerton.

Escena del palamallo, predecesor del cricket actual.

Te estarás preguntando, ¿en qué consiste el juego? Aunque la idea es sencilla, la ejecución parece complicarse un poco más, si no que le pregunten al reparto de *Los Bridgerton* y su intento por querer practicar antes de rodar la escena. La magia del cine convierte el partido de los Bridgerton contra las hermanas Sharma en un apasionante juego de estrategias y agilidad, pero la realidad es muy distinta. Solo hay que buscar los *making off* de la serie para darse cuenta.

Para jugar se necesitaba un palo largo acabado con forma de martillo con el cual poder golpear una pelota de madera. Esta pelota había que llevarla a través de un recorrido e introducirla por unos pequeños aros —de ocho a diez— situados en el suelo y repartidos por todo el campo de juego, normalmente el césped. Para mí tiene toda la pinta de un partido de golf mucho menos sofisticado.

Se podía jugar individualmente, cada jugador con su propia bola que debían llevar hasta el final del recorrido con el menor número de golpes posible si querían ganar el juego, o también en dos equipos de cuatro jugadores cada uno. Durante los partidos, los participantes podían golpear las bolas de los demás, una jugada conocida como «enrocar». De este modo, impedías que tu contrincante se acercase a su aro objetivo «croqueando» su bola. Algo así como ir a muerte en el parchís matando las piezas de los demás. Si en mi familia ya se considera un juego sangriento, no me quiero ni imaginar jugar al palamallo con mi madre y mi abuela. ¡Que le corten la cabeza! Al más puro estilo Reina de Corazones.

¡Dato curioso!

El juego que vemos en *Alicia en el país de las Maravillas*, ese en el que la reina roja y la misma Alicia utilizan flamencos como mazos, es la versión renovada del palamallo (sin los flamencos, claro está). No se sabe exactamente si es el predecesor o no, pero parece ser que el criquet pudo ser una adaptación más refinada y competitiva del palamallo, inventado en Irlanda alrededor del 1830

Battledore and Shuttlecock

Otro juego común en la época para jugar al aire libre era el *Battledore and Shuttlecock* que se podría traducir como «Raqueta y Volante» o como lo conocemos en su versión moderna, el bádminton. La verdad es que el nombre en inglés me suena mucho a *Dungeons and Dragons* por lo que, en mi mente, antes de documentarme sobre el juego, sonaba como a una especie a *battle royale* con toques de Regencia, mucho más intenso de lo que realmente es.

Si alguna vez has jugado al bádminton o has visto algún partido, puedes hacerte una idea de cómo funcionaba el *Battledore and Shuttlecock*. En aquella época se jugaba sin red, con los jugadores normalmente formando un círculo. Se utilizaba pequeñas raquetas de madera con la parte que golpeaba hecha de pergamino o vísceras. Para el volante o también conocido como «pluma» se usaba material ligero como el corcho para hacer una pe-

Una versión primera del bádminton.

queña bola a la que incrustaban plumas –normalmente de paloma– recordadas en la parte superior de esta.

El objetivo del juego consistía en mantener el volante siempre en el aire, pasándolo de un jugador a otro e intentado durante el mayor tiempo posible que no tocase el suelo. No era un juego competitivo como la mayoría, era una actividad puramente para el entretenimiento y la diversión.

Este es uno de los juegos más antiguos que se conocen, jugado en distintas versiones por todo el mundo durante siglos; desde la Antigua Grecia pasando por nativos americanos, China, Japón, Tailandia y muchos países de Europa. Siempre se ha considerado un juego para niños, pero los adultos son quizá los que más han disfrutado de él. Incluso la familia Austen solía jugar con frecuencia, como se puede leer en una carta que Jane escribe a su hermana Cassandra el año 1808.

Se podía jugar tanto fuera como dentro de casa, aunque más de un disgusto seguro que se habían llevado, no me imagino jugando al bádminton en el salón de mi casa. Claro que, la aristocracia británica disponía de salas y espacios interiores mucho

más amplios que los de cualquiera. El *Battledore and Shuttlecock* era un juego para todos, tanto hombres como mujeres podían participar, aunque siempre teniendo en cuenta la salud de las damas y evitando posibles fatigas y mareos.

El *pudding* de bala

Aquí viene un juego muy interesante, de esos perfectos para jugar en las cenas o comidas de Navidad y reírse un rato de los demás. El *Bullet Pudding* o *pudding* de bala era un juego de salón muy frecuente en las fiestas navideñas inglesas.

Aunque no es difícil de jugar, las reglas son muy sencillas y no se necesita apenas nada para prepararlo, ¡es un desastre de juego! El «pudding» es en realidad una montaña de harina sobre un plato grande y, sobre la punta de esta montaña, el anfitrión coloca con cuidado una bala o una pequeña canica. Los participantes del juego se turnan para cortar este pudding de harina a trozos con un cuchillo y en cuanto la bala o canica cae de la montaña al desastroso plato de harina, es cuando se canta al perdedor.

Este debe intentar sacar la canica con la boca –sin manos– de dentro el festival de harina, poniéndose perdido de blanco y deleitando a los demás participantes de una escena hilarante.

El *pudding* de bala era uno de los juegos de salón preferidos de Fanny Austen Knight, la sobrina de Jane Austen y, gracias a las cartas que la joven escribía a sus familiares, sabemos que la familia Austen estaba muy activa en cuanto a juegos de salón se refiere y disfrutaban del tiempo en familia y junto a buenas amistades. ¡Entran ganas de probarlo las próximas Navidades!

¿Sabías que...?

La mayoría de las películas de época incluyen los juegos de salón más conocidos como el palamallo y no dejan apreciar las actividades con las que la gente se divertía por aquel entonces. Por suerte, existe una escena en la película de 2020 basada en la novela de Jane Austen, Emma, que muestra casi con exactitud el pudding de bala, dejando a una de las protagonistas con la cara cubierta de harina.

Boca de Dragón

En 1800 no se andaban con tonterías cuando se trata de juegos de salón, pues parece ser que los juegos de la Regencia podían ser más peligrosos de lo que pensamos. Como es el caso de *Snap-Dragon* o «Boca de Dragón»

El *Snap-Dragon* era un juego muy popular durante las festividades navideñas desde el siglo XVI hasta el XIX. Solía jugarse la víspera de Navidad, en la mesa del comedor del hogar y rodeados de familia. De nuevo, gracias a las cartas escritas por

¡Dato curioso!

En una primera versión del guion de Emma (2020), película basada en la novela de Jane Austen, existía una escena donde los protagonistas jugaban al Snap-Dragon. La guionista Eleanor Catton contaba en uno de los comentarios de la película que al final decidieron excluirla del guion por razones de seguridad. Si ni en la ficción se atreven a incluirlo, ¡no me imagino jugar de verdad!

Snap-Dragon

Fanny Austen, sabemos que la familia de Jane Austen solía jugar al «Boca de Dragón».

El juego consistía en colocar un cuenco o plato de peltre bajo en el centro de la mesa, a una buena distancia de todos para evitar salpicaduras inflamables. ¡Como oyes! Dentro de este cuenco se vertía brandy, aunque otro tipo de alcohol también funcionaba. Después se añadían pasas como objetos principales, aunque también podía añadirse nueces, almendras y algunas piezas de fruta como higos o uvas. Y aquí es donde se pone peligroso, ¡se encendía el alcohol hasta que el plato ardía en llamas! De repente el nombre cobra sentido...

Es entonces cuando empezaba el juego, los participantes debían conseguir sacar con la mano las pasas u otros objetos y comerlos sin quemarse. Dicho de otra manera, tenían que meter la mano en el fuego y no perderla en el intento. Tanto adultos como niños participan en el *Snap-Dragon* y aparentemente era un juego muy popular en la noche de Navidad. ¿Dónde queda el ensuciarse la cara con harina?

Pese a lo irresponsable que suena el juego, se tomaban algunas medidas para mantener a toda la familia a salvo y sin tomar demasiados riesgos. Por ejemplo, se utilizaba el brandy u otras variantes porque tiene un punto de inflamación bastante bajo, de unos 26 grados aproximadamente. Además, normalmente primero extinguían o disminuían las llamas para poder conseguir ese flameante de color azul sobre el plato.

No sé si el «Boca de Dragón» es un juego que propondría en mis cenas de Navidad –aunque reconozco que me llama muchísimo la atención, ya sea por el nombre o por la adrenalina del propio juego– pero a falta de películas de terror, queda claro que durante la Regencia el entretenimiento de emociones fuertes también estaba a la orden del día.

Spillikins

Aunque parezca tener un nombre enrevesado, que no os confunda, porque el Spillikins o Pick-up Sticks es básicamente una primera versión del mikado. ¿Sabéis el juego ese de los palitos, unos amontonados sobre los otros? Pues es eso. Spillikins, mikado o los «palitos chinos» son en esencia, el mismo juego.

Según algunas fuentes, los palitos se originaron en China, es el registro más antiguo que se conoce de este juego. Con los siglos fue expandiéndose hasta llegar a Europa y durante la Regencia, ya era un juego bastante popular para pasar el rato. Aunque las normas por aquel entonces eran un poco distintas a las de ahora.

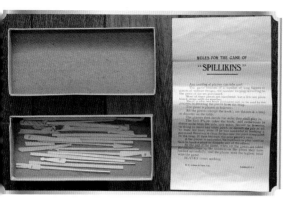 

El *Spillikins*, una primera versión del mikado

Los palitos del *Spillikins* estaban hechos de varios tipos de madera o marfil. La forma de estos palitos podía ser redondeada, lisa o uniforme, existían distintos juegos de diseños variados. Por lo visto, Jane Austen poseía un juego de palitos uniformes con el que jugaba con su familia.

Las normas del juego eran muy parecidas a las de ahora:

- El ganador era quien conseguía hacerse con la mayor cantidad de palitos al finalizar la partida.
- En algunos sets, incluían palitos con distintos colores, haciendo que cada color tuviese una puntuación diferente.
- Al empezar el juego, se amontonaban los palitos aleatoriamente sobre la mesa y se retiraban aquellos que se habían separado del montón, descartándolos de la partida.
- Los palitos debían retirarse del montón sin mover ningún otro palo. En algunas versiones solo se utilizaban las manos, en otras podían ayudarse de los palitos descartados para separar los del montón.

Whist (juego de cartas)

El whist es un juego de cartas original de Inglaterra, que se popularizó durante los siglos XVIII y XIX. Se juega en grupos de cuatro personas, dos contra dos y se utiliza la baraja francesa común de 52 cartas.

No te voy a mentir, a mi este juego me resulta la mar de aburrido, pero por si te apetece echarte unas partidas con los amigos al más puro estilo Regencia, vamos a ver en qué consistía:

En el whist podían participar tanto hombres como mujeres.

- Antes de empezar, había que decidir quién iba a repartir las cartas, pues este es quien tendrá la última jugada.
- Se reparte la baraja empezando por el jugador de la izquierda del que reparte, el total de cartas por jugador es de 13.
- Una vez repartidas todas, el que reparte expone su última carta hacia arriba, donde permanecerá hasta que sea su jugada. El palo de esa última carta se convierte en el palo ganador.
- El objetivo o también conocido como baza de cada ronda, es jugar la carta de mayor rango del mismo palo que la carta de la primera persona. Pero algunas cartas de triunfo tienen un valor mayor a las demás porque son las que ganarán la partida.
- Una vez utilizadas todas las cartas, se suman los puntos. Se deben contar la cantidad de partidas menos seis puntos, el equipo con mayor cantidad de puntos, gana.

El whist era un juego al que tanto hombres como mujeres podían participar, más comunmente jugado por clases sociales más elevadas que disponían del tiempo suficiente para estos juegos de salón, además de poseer la baraja de cartas. Sinceramente, a mí me verías antes jugando al *Snap-Dragon* que no al *whist*.

Adivinanzas

¡Hablemos de los juegos de ingenio! Muy populares a inicios del 1800. Las adivinanzas, acertijos y enigmas han existido durante siglos, pero no fue hasta el siglo XVIII que se empezaron a ver como una ingeniosa forma de entretenimiento. Ves, aunque se me den fatal, estos juegos ya me gustan más.

Las adivinanzas de la Regencia eran mucho más complejas y extensas que las que conocemos hoy en día. Se escribían, normalmente, en formato de poema y la mayoría consistían en deconstruir situaciones u objetos ordinarios. Eran tan populares que se publicaban libros de adivinanzas que podías coleccionar o, si no, muchas familias creaban sus propios libretos de adivinanzas que luego pasaba de generación a generación.

Existía un tipo de adivinanza más avanzada. Las charadas –aunque actualmente conocidas también como «juego de mímica»–, era una forma de adivinanza que, durante la Regencia, no se utilizaba ningún método de mimo. Más bien, por aquel entonces, se trataba de un poema de descripciones encriptadas. ¡Consistía en describir por separado las sílabas de una palabra!

Cada descripción hablaba de manera enigmática de una sílaba. Cuando conseguías descifrar todas las sílabas, las juntabas para encontrar la palabra final. Las descripciones se escribían poéticamente, complicando todavía más la adivinanza. Veamos un ejemplo que aparece en *Emma*, una novela donde Jane Austen incluyó bastantes adivinanzas de este tipo:

«My first doth affliction denote,

Which my second is destin'd to feel

And my whole is the best antidote

That affliction to soften and heal».

Traducción:

«Mi primera aflicción denota,

Lo que mi segunda está destinada a sentir

Y mi todo es el mejor antídoto

(Para que) Esa aflicción suavice y sane».

El primer verso se refiere a «*woe*» un sinónimo de aflicción refiriéndose a un fuerte dolor o pena, mientras que el segundo verso describe la palabra «*man*», refiriéndose a hombre. Al final, si convertimos ambas palabras en sílabas, conseguimos descifrar «*woman*», por lo que la respuesta de esta adivinanza tipo charada es «mujer».

Y yo que me estrujé la cabeza la primera vez que escuché: ¿de qué color es el caballo blanco de Santiago?

Forfeits

El juego de *forfeits* tiene más de «juego de la botella» que no otra cosa. Y es que, la penalización por no cumplir con las normas o los desafíos de cada partida consistía en dar un beso a otro participante. Imaginaos lo emocionante de jugar a este juego en plena Regencia, sabiendo que existía la posibilidad de un acercamiento así, excitante, sobre todo para los y las jóvenes casaderas.

Forfeit significa «pérdida» o «penalización», así que ya veo yo por dónde va el objetivo del juego... Este juego de salón ha sido popular durante siglos y su finalidad es la pura diversión. Cada participante debía depositar en el suelo un accesorio personal, ya fuesen joyas o ropa, y juntarlos todos en una pila. Entonces se escogía de entre todos los jugadores al «pregonero de las pérdidas», el que tenía la función de juez.

Mientras este juez o jueza –normalmente se escogía a jóvenes damas– se sentaba en el suelo de espaldas a la pila de objetos, otro jugador sostenía uno de los objetos elegido al azar sobre la cabeza del juez y entre todos cantaban:

«Heavy, heavy hangs over thy head.

What shall the owner do to redeem the forfeit?»

Traducido a «Pesado, pesado pende sobre tu cabeza. ¿Qué hará el dueño para redimir la pérdida?». Una vez terminado el cántico, el juez ordenaba al dueño de la prenda hacer algún truco o acción normalmente de tipo embarazosa; saltar a la pata coja, cantar a todo pulmón, caminar a cuatro patas, bailar una danza tradicional... la imaginación es el límite. Al final, el mismo juez o jueza debía cumplir con una orden para poder recuperar su propio objeto.

Y como ya he comentado, si esas acciones no satisfacían a los jueces o a los demás participantes, podías verte en la bochornosa –aunque seguro que secretamente excitante para muchos–

situación de tener que dar un beso al tímido o tímida del grupo. Y exactamente por eso, ¡yo nunca jugaba al juego de la botella!

Los clubs privados para caballeros

No hay mucho misterio, el propio nombre indica en qué consiste un «club privado para caballeros». Estos clubs exclusivos

Para entrar en un club privado para caballeros era necesario tener una sólida posición social y económica.

solo para hombres de la más alta sociedad británica han existido durante siglos y todavía lo siguen haciendo. Especialmente en la época de la Regencia, estos clubs privados encontraron la popularidad y sobre todo el prestigio en la alta aristocracia.

Si bien eran clubs para caballeros, no todos los hombres tenían permitido entrar. Solo los más adinerados conseguían el visto bueno para pertenecer a alguno de los clubs. Se estima que solo alrededor de los 1200 hombres consiguieron formar parte de algún club privado durante la época de la Regencia. Eran asociaciones –y me atrevería a decir incluso sociedades– muy exclusivas. ¡Ojo! Y lo siguen siendo.

¿Sabías que...?

Actualmente en el Reino Unido siguen existiendo algunos clubs privados que provienen de la época de la Regencia. Personalidades como el príncipe Guillermo, el rey Carlos III y otros duques, barones y vizcondes de la más alta casta británica son miembros VIP. Los clubs privados para caballeros no son exclusivos de Inglaterra, pero de estas cualidades y con este prestigio solo se ha visto en el país británico y en algunos países que han formado parte de colonias británicas como es el caso de la India, Australia o Canadá.

Las mujeres no tenían permitido el acceso a ningún club privado de este tipo –sorpresa, sorpresa– y, de hecho, pasearse por la calle donde estos clubs estaban asentados durante la tarde-noche podía significar una mancha grande en la reputación de las damas por siquiera atreverse a poner un pie cerca de estos locales tan exclusivos durante las horas que estaban en activo.

Pero ¿en qué consistían realmente estos clubs? ¿Qué actividades se llevaban a cabo? Pues oficialmente, estos clubs eran un lugar de reunión, descanso y diversión para los hombres ricos. Los clubs solían tener una temática y normalmente eran de cierta tendencia política. Había clubs liberales, otros conservadores y luego había clubs sobre filetes de ternera, en el cual los caballeros se reunían para comer carne de calidad. Aunque, en

la mayoría de los clubs se llevaban a cabo diversas actividades como jugar a las cartas, jugar al billar, charlar de política, hablar de negocios, leer tranquilamente el periódico y, como actividad más popular, era el lugar indicado para las apuestas.

Apostar en la Inglaterra de inicios del 1800 era ilegal, en cualquier caso, excepto dentro de los clubs privados. Vaya, mira tú por dónde. Por lo que las apuestas llegaron a su mayor auge durante esta época. Además, no creáis que eran simples apuestas por juegos de cartas o similares, se apostaba dinero sobre cualquier cosa, desde una partida al *whist*, una candidatura políti-

---

¡Ojo al dato!

Algunas apuestas eran tan ridículas como la de un caballero que apostó, cito textualmente: «Lord Cholmondeley ha apostado dos guineas contra quinientas a lord Derby cada vez que su señoría se folle a una mujer en un globo a mil metros de la tierra». Y otras eran de tipo más peligroso e irresponsable, como el caso de un caballero que apostó diciendo que era posible para un humano aguantar doce horas bajo el agua. Tras contratar a alguien que pusiera a prueba dicha certeza, el caballero perdió la apuesta, pues obviamente el hombre murió ahogado.

---

ca, los hijos ilegítimos que otro miembro del club tendría en los próximos dos años, los matrimonios propicios de ciertas familias nobles, los problemas financieros que tal persona sufriría en cinco años, las guerras napoleónicas y un sinfín de apuestas absurdas que aumentaban el ego y la dominancia del hombre dentro de esos clubs.

Durante la Regencia existieron bastantes clubs privados y permanecer a uno de ellos daba cierto prestigio. Se habían convertido en una élite dentro de la propia élite aristocrática de Inglaterra, tanto es así que el proceso para poder ser miembro de algún club estaba muy medido.

Un hombre no podía solicitar formar parte de un club, debía ser recomendado en el club por otro miembro y tener la aceptación de al menos dos más. Una vez había tres miembros interesados en que entrase uno nuevo, el comité del club se reunía para estudiar bien a fondo la propuesta. Que formases parte de una buena familia o tuvieses muchos ingresos al año no era necesariamente una ventaja, la reputación, las maneras y las formas también influían en la decisión. Aunque no todos los socios de los clubs eran precisamente caballerosos.

Para el proceso de aceptación, una vez el comité consideraba adecuado poder aceptar al nuevo miembro, empezaba la votación. Consistía en introducir de manera anónima en un cuenco una bolita blanca para aceptar y negra para rechazar. Con que

---

¿Sabías que...?

Al método de voto a través de bolas blancas y negras se le llamaba blackballing (bola negra). Este método se popularizó en el siglo XVII y se utilizaba sobre todo para decidir la membresía de nuevos socios en instituciones privadas como fraternidades, la masonería o como ya hemos visto, los clubs privados para caballeros. No deja de ser el método del «sí/a favor» o el «no/en contra» que todavía hoy en día se utiliza incluso en situaciones políticas.

---

solo hubiese una bolita negra, el aspirante a nuevo socio era rechazado inmediatamente. Por el contrario, si todas las bolas salían blancas, se convertía en miembro oficial del club. Como miembro y, por lo tanto, socio, debía seguir unas normas y abonar una cuota de afiliación al club de unas once guineas por aquel entonces, un poco como ir al gimnasio me imagino.

De todos los clubs privados para caballeros que existían durante la Regencia, había tres que destacaban con gran diferencia: White, Brook y Boodle. Muchos de estos clubs

Las bolas negras decidían la entrada o no de un nuevo socio en determinadas instituciones.

operaban sin local, los miembros y socios se reunían en cafés, bares o tabernas una vez por semana o incluso una vez al mes. Ese fue uno de los motivos por los que la mayoría de estos clubs sin local acabasen desapareciendo. Pero solo uno de esos tres prestigiosos clubs de la Regencia consiguió el mayor estatus en toda Inglaterra y ha persistido con ese mismo prestigio hasta nuestros tiempos.

El club privado White

El White o *White's* era y sigue siendo uno de los clubs para caballeros más prestigiosos del Reino Unido. Tanto el príncipe Guillermo como su padre el rey Carlos III son actualmente miembros. De hecho, Carlos III celebró su despedida de soltero en el club antes de casarse con Diana.

Club White en la actualidad.

La historia del White –o al menos, la de su nombre– se remonta hasta 1693, cuando un inmigrante italiano llamado Francesco Bianco decidió abrir una chocolatería en el nº 4 de Chesterfield Street, en pleno Mayfair. Francesco decidió acomodar su nombre a uno más *british* y pasó a llamarse Francis White, lo que vendría siendo el equivalente de su nombre –literalmente– en inglés.

Francis abrió un local llamado *La casa del Chocolate de Mr. White* y se dedicó a vender exquisito chocolate caliente y otros dulces de cacao a la alta sociedad británica, ya que por aquel entonces el chocolate era un lujo que no muchos podían permitirse. El local de White se convirtió en un lugar de encuentro, una especie de salón de té para la nobleza dando más prestigio a la chocolatería. Para poder hacer frente a los precios tan altos de los productos con los que preparaba el chocolate y poder pagar las facturas del mantenimiento del local, Francis también vendía, en la misma chocolatería, entradas para obras y representaciones en teatros del calibre del *Royal Drury Lane Theater*.

Después de unos años en curso, en 1773 el local sufrió un incendio, por lo que al final se decidió trasladarlo a una de las calles más prestigiosas de la ciudad y al que sería su lugar definitivo, en el nº 37-38 de la calle St. James, por la zona del West End de Londres donde están todos los teatros y representaciones musicales hoy en día. Fue allí donde el White hizo su transición de chocolatería a club privado para caballeros.

Rápidamente se convirtió en el club privado con más prestigio, tanto que muchos de los hombres nobles de la época deseaban formar parte de él. Todavía hoy en día no se sabe del todo bien el aspecto que tiene el club en su interior. Se dice que a inicios del 1800 el local tenía una zona de bar, salas para jugar a las cartas, salas de billar y salones privados donde los caballeros podían reunirse para tratar asuntos de negocios. Sinceramente, no sé por qué me da que hoy en día sigue igual.

En 1814 el club ya contaba con 500 socios. Eran tantos que en el 1745 se creó el Club Joven, de esta manera, y aunque fuese en el mismo local, podían llevar un mejor control de la cantidad de miembros e ir sustituyendo los que dejaban espacios libres en el Club Viejo con los más veteranos del Club Joven. Aunque al final, esta idea resultó en vano y ambos clubes volvieron a fusionarse en uno solo.

¡Dato curioso!

Una de las apuestas más conocidas en el White, es esa en que dos caballeros del club apostaron 3.000 libras por dos gotas de agua. Sí, como lo oyes. Aburridos de las apuestas de juego y tras lo que presumo fue un día lluvioso, dos socios del White apostaron a ver cuál de las dos gotas de agua en una ventana resbalaba primero y más rápidamente hasta la repisa...

Las opiniones políticas tenían una fuerte influencia en los clubes privados. Algunos de ellos llegaron a convertirse en la sede de partidos políticos como es el caso de White, que fue la sede de los Tory, el partido conservador británico. Pero si había algo que creaba más fulgor que la política en este club privado, eso eran las apuestas.

El White era prácticamente un local de apuestas. Como ya hemos comentado, se apostaba de todo y lo más notorio era su famoso libro de las apuestas donde quedaban registradas todas y cada una de ellas. Durante la Regencia, un caballero solo era un hombre de verdad si sabía conservar su código de honor pagando sus deudas, de ahí a que se llevase un escrupuloso seguimiento. Los perdedores debían pagar la deuda en tres días, no hacerlo significaba la pérdida de su reputación.

Tal y como somos testigos de la ruina financiera de lord Featherington en *Los Bridgerton*, muchos caballeros de la época llegaron a gastar infinidad de dinero en apuestas. El escritor de sátiras irlandés Jonathan Swift se refirió al White como «la ruina de la mitad de la nobleza inglesa». Y no estaba equivocado.

El club privado Brook

El Brook o *Brook's* fue otro club privado de alto standing que todavía sigue existiendo en nuestros tiempos. En 1762, con el White en pleno auge, dos caballeros sin título –o cualquier rango de mínima importancia– con los nombres de Boothby y James fueron rechazados como miembros del club.

Tras la vergüenza y la rabia de no conseguir los votos para convertirse en miembros del White, decidieron crear su propia sociedad

Club Brook en la actualidad.

privada de la que nació *Brook's*. La taberna de William Almack en el nº 49 de la calle Pall Mall se convirtió en el lugar de reunión del club que pronto renacería como el Brook. Por el momento se le conocía como el Almack's y parte de sus miembros eran nobles pertenecientes a los Whig, miembros del partido liberal británico. Mientras que en el White eran seguidores de los partidos conservadores, el Brook era liberal.

Todo cambia cuando en 1777, un comerciante de vino llamado William Brooks, que en aquel momento era mánager del club, decide pasar el local a uno nuevo que mandó construir específicamente. Este nuevo local se inauguró un año después y pasó a llamarse definitivamente como *Brook's*. Me pregunto qué le pareció al señor Almack...

El Brook abrió sus puertas en la calle St. James, apenas en frente del club White. ¿Casualidad? No lo creo. Consiguió que todos los miembros del Almack's se mudasen al nuevo local, pero parece que se olvidaron de William Brook, ya que unos años más tarde murió en la pobreza. Los que sí asistían al local eran jóvenes *macaroni*, caballeros obsesionados por la moda y con ganas de gastar dinero en las apuestas. Y es que, así como el White's, el Brook pasó a ser un club de apuestas, con salas privadas para jugar al *whist* y al *hazard*, y con un libro que recogía todos los datos y las ridículas apuestas de sus miembros.

Si las apuestas del White eran desastrosas, las del Brook's todavía lo eran más. Era un club privado hedonista donde acudían muchos libertinos. Fue incluso asociado al famoso «Club del Fuego Infernal» donde personalidades importantes de la época se vieron envueltas en una sociedad que se jactaba del cristianismo y donde se creía que practicaban rituales satánicos y orgías. En el Brook no ocurrían tales cosas, pero algunos de sus miembros sí permanecían a ambos clubes.

El local, que todavía existe hoy en día, fue construido a base de ladrillo amarillo y con una arquitectura palladiana muy utilizada en las casas de campo durante el 1600, simulando las fachadas de la antigüedad. Claro que, tratándose de Londres, hoy en día casi todos los edificios parecen –y son– antiguos. Su interior albergaba distintas salas de estar, salas de apuestas, una pequeña sala de dibujo y la sala de cartas. Aunque en 1889 renovaron su interior expandiendo el local con el de al lado y dando más prestigio al club.

El club privado Boodle

Boodle o *Boodle's* fue otro de los clubs privados más conocidos, rigurosos y prestigiosos durante la Regencia. Su sociedad sigue activa hoy en día en el mismo lugar de hace 200 años.

Hay un dato importante a mencionar, y es que tanto el club Brook como el Boodle nacieron de la separación de los miembros gerentes del Almack's. Al mismo tiempo que William Brook decidió construir su propio local y club privado, Edward Boodle, un asociado de William Almack, abrió su propio club en el nº 50 de la calle Pall Mall, el local junto al Almack's.

Brook tardó un año en ser construido, por lo que Boodle le tomó la delantera y hoy en día sigue siendo el segundo club privado más antiguo de Inglaterra por detrás del White's. Esta sociedad no se asociaba directamente con ningún partido político, pero se sabe que algunos de sus miembros eran abiertamente conservadores.

Boodle sigue siendo uno de los clubs privados más prestigiosos del Reino Unido y es que, aunque los dos clubs derivados del Almack's tuvieron un prestigio importante durante el mismo periodo de tiempo, el Boodle se diferenciaba bastante del local de apuestas, libertinaje y mala fama que han acompañado al Brook, aunque por su puesto, nunca ha podido llegar al prestigio del White. Eso se debe a un factor de títulos y rangos que, como ya hemos visto antes, es lo que dictaba la época de la Regencia; mientras que en el Boodle la mayoría de los miembros eran nobles terratenientes, el White's era el club exclusivo para la nobleza británica más elitista.

¡Dato curioso!

Durante el periodo en que el club Almack's se encontró activo, tenía un libro de normas bastante estrictas, pero con algunas joyas. El Almack's, en teoría, nació de la furia hacia el White's cuando dos caballeros no fueron aceptados, por lo que el club sentía un desprecio muy grande por cualquiera que perteneciese a esa sociedad. Es por eso que, una de las primeras normas fue que nadie que perteneciese o hubiese pertenecido al White podía convertirse en miembro del club. Y por si no quedaba claro el desprecio hacia los señoritos del White, se escribió en el libro de normas que cualquier miembro del Almack's que fuese invitado a entrar al otro club sería expulsado inmediatamente. Sin rencores ni nada.

El club cambió de local varias veces hasta que en 1782 se asentó definitivamente en el nº 28 de la calle St. James, convirtiéndose esta en la conocida y prestigiosa calle de los clubs privados para caballeros. Entre los miembros del Boodle ha habido varios políticos y aristócratas, uno de los socios más famosos fue el mismísimo Winston Churchill.

ROMANTICISMO DE LA ÉPOCA

Arte en la era Regencia

Como hemos comentado anteriormente, la Regencia fue una época de cambios, sobre todo artísticos. El Romanticismo se instauró en la sociedad y cambió de manera significativa su manera de percibir, sentir y entender ciertos aspectos de la vida. Puede que el príncipe Jorge IV fuese un libertino derrochador más preocupado por sus propios placeres que por el pueblo, pero abrió la puerta a una expresión artística que ha enamorado a muchos durante siglos.

El Romanticismo es un movimiento artístico aplicado a distintos sectores como la literatura, la música, la arquitectura, la pintura y ciertas artes escénicas. Tiene una mirada muy personal y retrospectiva que se centra en la libertad personal de cada individuo. Es un movimiento que se rebela –hasta cierto punto– contra la rigidez y la racionalidad que ha estado viviendo la sociedad todos estos años atrás durante la época georgiana y ahora se libera sacando todos aquellos demonios personales y/o compartidos que pocas veces habían podido mostrar antes.

Igual que en la música se permitía cierto tipo de canciones, con connotaciones sexuales y poco elegantes, con las demás artes escénicas ocurre lo mismo. Se abre la puerta al erotismo de manera moderada, y se introduce esa pasión y desenfreno en los distintos campos del arte, sobre todo en la pintura y la escultura.

La pintura era una de las creaciones artísticas más valorada del momento y los retratos eran uno de los temas más solicitados a los pintores de la época, sobre todo por gente rica o de familia real. Un ejemplo de esto y que ya hemos visto antes cuando hablábamos de la reina Carlota, es el pintor Allan Ramsay. Los retratos de personas era una práctica bastante común entre la nobleza, era también una muestra de prestigio, ya que no todos podían permitírselo.

Aunque los retratos no eran los únicos temas utilizados en la pintura de la Regencia. Con la reciente Revolución francesa y las

¿Sabías que...?

Si no habías oído hablar antes de la versión de 2005 de *Orgullo y Prejuicio*, tras leer este libro estoy segura de que vivirá en tu mente, porque aquí vuelvo a hablar de la película. Y es que, si avanzamos hacia el tercer acto de la historia, en el momento en que Elisabeth visita Pemberly –lugar de residencia de Darcy– junto a sus tíos, somos testigos de una maravillosa galería de arte casera. En esta galería Darcy tiene una infinidad de estatuas entre las cuales se encuentra un retrato propio. Pero si nos fijamos en algunas de las estatuas, podemos distinguir la sensualidad, el desnudo (que no escandaliza a Elisabeth, algo que nos indica en qué punto del cambio nos encontramos) y el sentimiento puesto tras su creación, tomando prestada la cultura del arte griego y romano, muy típico durante la Regencia.

Elisabeth visita Pemberley en *Orgullo y Prejuicio* (2005).

Guerras napoleónicas amenazando a media Europa, los pintores británicos solían representar escenas y acontecimientos de ambas batallas. Un poco al estilo del cuadro *La Liberté guidant le peuple* (*La libertad guiando al pueblo*) de Eugène Delacroix. Sí, yo tampoco sabía nada de él hasta que escuché la canción «Ay Mamá» de Rigoberta Bandini.

Paisajes rurales u objetos cuotidianos también eran muy comunes. Se había abandonado en gran medida todo aquello considerado correcto durante la época georgiana y se propuso una nueva forma de representar el arte a través de imágenes, esculturas o representaciones que resultaban cercanas, emocionantes, excitantes, grotescas y dramáticas.

Vivir del arte nunca ha resultado fácil, y mucho menos a inicios del 1800. Es por eso que solo unos pocos artistas sobrevivían con los ingresos de sus creaciones. Solo los hombres más adinerados podían dedicarse a estudiar y trabajar con su arte. Pero, aun así, solo unos pocos conseguían un reconocimiento digno. Ese es el motivo por el cual la mayoría de los artistas hacían *dabbling*, que vendría a ser lo que en español conocemos como «aprendiz de todo, maestro de nada».

Era muy común que un «artista» metiese la cabeza en distintos sectores, es decir, un pintor también sabía esculpir o metía mano en representaciones teatrales. El arte era considerado más bien una afición para la mayoría, mientras que solo los más dotados de talento o que conseguían el patrocinio de alguien importante con muchas conexiones, podían considerarlo su oficio.

¿Sabías que…?

La decoración era muy importante durante el periodo Regencia. Tener invitados era muy común en la época, por lo que el interiorismo de las casas ayudaba a mostrar a los demás el gusto y el nivel adquisitivo del anfitrión. Vamos, que la gente presumía de su decoración y, por consiguiente, de su dinero. La gente que tenía pinturas en las paredes y que además eran representaciones o retratos de la familia real, daban a entender que disponían del dinero suficiente para gastarlo en elementos decorativos sin ninguna otra función; pinturas, esculturas, alfombras, cortinas, lámparas de araña u objetos exóticos eran algunos de los más respetados.

La temporada social también incluía largas veladas en el teatro.

El teatro

¿Alguna vez has ido a ver una obra de teatro, un espectáculo de payasos y una ópera todo en el mismo lugar y en la misma velada? Yo tampoco, pero para la gente de la Regencia era de lo más normal. Ir al teatro era una actividad social muy común, sobre todo para las clases altas de la sociedad.

Durante la temporada social, la aristocracia británica atendía a largas veladas en el teatro o en la ópera. ¿Por qué eran largas? Pues porque en esa época una misma representación podía consistir en varias obras de teatro, pantomimas, espectáculos de payasos y óperas. Podía haber hasta tres distintas en la misma noche.

Ir al teatro, si bien era un evento de alto standing, tenía muy poco de la seriedad y elegancia que conocemos ahora. Durante el periodo Regencia, ir al teatro significaba expandir y nutrir el círculo social. Las personas se vestían en sus mejores galas y lo más importante no era la representación –al menos no para la mayoría–, sino que era «ver y ser visto».

Colas de carruajes se amontonaban en las inmediaciones del teatro. Desde dentro de estos carruajes los asistentes esperaban para ver quién atendía a las representaciones de la velada, cómo lo hacía (vestimenta) y con quién. El cotilleo era, en esencia, lo más importante. Las conexiones eran muy importantes, por lo que incluso en el teatro la gente se ocupaba de gestionar y planear negocios, futuros matrimonios y alianzas.

¡De ello somos testigos en *Los Bridgerton*! Después de la presentación de Daphne en sociedad, no aparece ningún pretendiente a su puerta, por lo que Violet Bridgerton y lady Danbury se llevan a la joven al teatro. Es allí donde, mientras los actores hacen su trabajo en el escenario, ellas planean el meticuloso acercamiento entre el duque de Hastings y la joven Bridgerton. Y es que, hablar durante las obras de teatro estaba per-

> **¡Dato curioso!**
>
> La diversión de ir al teatro no solo ocurría en el escenario. Tanto era así que, Charles Garnier, el arquitecto de la Ópera de París, planeó situar espejos en los pasillos del teatro porque creía que los espectadores también eran parte del espectáculo. El solo hecho de ir al teatro se convertía en una actividad divertida para la alta sociedad.

mitido y no se consideraba una falta de respeto. Hoy en día se considera de mala educación, e incluso en el cine yo soy de las que luego mira mal si has estado comentando todo el rato la película o mirando el móvil. Pero para la gente de la Regencia, hablar en el teatro era una actividad esencial.

Las obras o representaciones solían ser de cinco actos, si a eso le sumas que en una sola velada se representaban también pantomimas y alguna ópera, es fácil pensar que la velada se alargaba durante horas. Ese es uno de los motivos por los que llegar tarde al teatro estaba bien visto durante la Regencia. Ya fuese que llegases una hora más tarde o que solo te diera tiempo a ver la última función, estaba permitido. De hecho, las entradas eran más baratas cuanto más tarde llegabas.

Era muy común ver vendedores de fruta y otra comida callejera tanto dentro como fuera del teatro, y más común era todavía que los asistentes pagaran a los propios actores o trabajadores del teatro para ir a comprarles comida, para entregar notas secretas o cumplir con otros recados que les pareciese conveniente. Los «recaderos» improvisados cogían ese dinero con mucho gusto, pues no sería hasta la época victoriana que los actores y actrices se convertirían en profesionales admirados de buena reputación. En los inicios de 1800 los actores no eran más valiosos que un esclavo y las actrices eran prácticamente consideras como prostitutas o amantes.

Solo algunas mujeres artistas en el ámbito teatral consiguieron encontrar un marido de la alta sociedad y salir de la pobreza. Y digo solo algunas porque mujeres a ese nivel solo eran aptas como amantes, casarse con ellas se veía como una mancha en la reputación del caballero. Y ya no hablo de las damas manteniendo ningún tipo de relación con un actor. ¡Eso era impensable!

Durante esta época, la iluminación en la gran mayoría de locales y casas era a base de velas o lámparas de aceite. En los teatros, las luces solo se apagaban cuando cerraba. Durante las representaciones

¿Sabías que...?

Como ya hemos visto, había un sinfín de oportunidades para que la estirpe británica mostrase su estatus ante los demás. En el teatro, por supuesto que también. Solo los más adinerados o con un rango y estatus social muy elevado podían permitirse comprar o alquilar sus propios palcos. El palco era el lugar del rey, el cual también iba a ver óperas y obras de teatro, por lo que los demás palcos estaban reservados a la nobleza británica más elitista.

se mantenían abiertas y todo era visible para los demás, por lo que había que mantener cierta etiqueta todo el tiempo. Encender y apagar las luces hubiese sido un trabajo demasiado laborioso, por lo que en esos momentos todavía no existían los efectos de luz en el escenario. Además, debían ser muy cuidadosos de no tumbar las velas mientras estaban encendidas, pues un solo fallo mandaría a arder el teatro entero, algo desgraciadamente bastante común en la historia de los teatros de la época.

Todo empezó a cambiar con la introducción de la luz de gas, un avance tecnológico muy importante en el siglo XIX. La plaza St. James fue el primer lugar público donde se instalaron luces de gas en Londres en 1808, aunque hasta 1820 no se convirtieron en las luces permanentes del lugar. Hasta ese momento, la mayoría de luz en lugares públicos o locales eran parte de la demostración de esta nueva alternativa a las velas. Aunque fuese un espectáculo que fascinaba a muchos, la sociedad británica de inicios del 1800 no estaba preparada todavía para aceptar este nuevo invento. Había mucho miedo por el gas, la gente pensaba que podía haber accidentes y que sería dañino para la respiración y para la vista.

La luz de gas, un avance tecnológico importante en el siglo XIX.

El miedo al cambio retrasó la instalación de estas lámparas de gas durante años, pero poco a poco, los locales de comercio, las iglesias, los teatros y por último los hogares, empezaron a aceptar este nuevo método de iluminación. Gracias a la luz de gas, los teatros empezaron a experimentar con el juego de las luces. La luz de gas iluminaba mucho más y con más claridad que las velas, y gracias al gas podían regular la intensidad según quisieran. Las obras de teatro empezaron a incorporar amaneceres y atardeceres, así como otros trucos para dar más emoción al espectáculo.

Los inicios del 1800 permitieron que Londres empezara a expandirse, construyendo puentes y nuevos caminos que hiciesen el acceso más fácil a la ciudad y a las zonas más populares. Eso hizo que la nobleza británica descubriese nuevas calles por las que pasearse y se construyeran nuevos edificios sofisticados donde gastar el dinero. El príncipe Jorge apoyó la idea de dar más visibilidad e importancia a las artes y el teatro, incluso tuvo

El Covent Garden, hoy en día Royal Opera House.

interés en apuntarse él mismo a una compañía de teatro llamada *The Little Theatre* –¡hubiese sido todo un espectáculo!–, por lo que la Regencia permitió la llegada de nuevos y pequeños teatros tanto en el centro como en la periferia.

Veamos rápidamente tres de los teatros y óperas más conocimos de la época. Los teatros más grandes y aquellos más majestuosos podían albergar a miles de personas. Uno de los más conocidos y quizá el mejor de la época, fue The Theatre-Royal, más conocido como Covent Garden (hoy en día el Royal Opera House). Este teatro tuvo que ser reconstruido tras un incendio el año 1808. Más de 3.000 personas ocupaban los asientos del teatro cada noche, y por sus bambalinas pasaron algunos de los actores, actrices y cantantes más conocidos de su época.

El Theatre-Royal, Drury Lane fue otro de los teatros que sufrió un gran incendio en el 1809, justo mientras se representaba la obra de *Hamlet*, uno de los éxitos de Shakespeare. Las obras de Shakespeare eran de las más populares, aunque en 1800 el vestuario de los personajes permanecía siendo el mismo de la Regencia, y no la vestimenta típica del siglo XVI. Fue precisamente el Drury Lane el primer teatro de Londres en ser iluminado completamente con luz de gas en el año 1817.

¡Dato curioso!

Fue en el escenario del Covent Garden donde actuó el actor de ascendencia africana, aunque nacido en norteamérica, Ira Frederick Aldridge.

Ira empezó su carrera como actor en la adolescencia, en uno de los primeros teatros regentados por afroamericanos en Nueva York. Rápidamente llamó la atención del público y tras unos años se le presentó la oportunidad de actuar por Irlanda y el Reino Unido. Fue en 1833 cuando obtuvo el papel de Othello en el Theatre-Royal, Covent Garden, sustituyendo al

Ira Frederick Aldridge

también conocido actor Edmund Kean. Ira tuvo tanto éxito que más tarde pasó años de gira por Europa, actuando delante de la mejor estirpe europea y en los mejores teatros. Ira fue otra de las excepciones raciales de la Regencia, sin olvidar que el éxito no le libraba del pensamiento racista de la época.

La familia real atendía con frecuencia al teatro, siendo el Drury Lane uno de ellos. Hubo un incidente curioso durante la representación de una obra a la que el rey Jorge III asistió el 15 de mayo de 1800. Y es que, mientras anunciaban su entrada con el himno de «Dios salve al Rey» sonando de fondo, James Hadfield, un hombre que acabó bastante mal de la cabeza tras ser capturado por los franceses en la batalla de Tourcoing, se convenció de que Dios vendría a él si era sentenciado a muerte por el gobierno británico. Con ese cuento en la cabeza, se dirigió al Drury Lane el 15 de mayo con la intención de asesinar al rey. Así que, cuando Jorge III hizo su entrada en el palco, James le disparó sorprendiendo a todos los presentes, aunque fallando el tiro. Por lo visto, el rey apenas se inmutó, y tras sacar a James del teatro, Jorge III pidió que prosiguieran con la representación como si nada. El cotilleo del día siguiente debió ser espléndido.

El edificio original del Hay-Market Theatre data de 1720.

Por último, estaba The Theatre-Royal, Hay-Market o Hay-Market Theatre, también conocido como Little Theatre, la compañía de teatro donde quería apuntarse el príncipe Jorge. Este es uno de los teatros más antiguos del West End. El edificio original data sobre el 1720, siendo reconstruido y relocalizado más tarde, en el 1820, donde se encuentra en la actualidad. Este teatro fue, a diferencia del Drury Lane, el último en instalar las luces de gas en el año 1843. El nuevo edificio se construyó prácticamente idéntico al original; la arquitectura, la fachada, los balcones, la galería exterior y el foso de los músicos permanecían igual. Los únicos cambios que se hicieron fueron respecto a la pintura: los colores de su interior eran mucho más brillantes y llamativos, con colores rosados y dorados, y con espejos en el pasillo.

Los seguidores de los musicales que conozcan el West End y sus historias, sabrán que la mayoría de los teatros están habitados por fantasmas, algunos bastante conocidos por los actores y personal del edificio. Y la verdad, después de los incendios, reconstrucciones e intentos de asesinato, no me extraña.

Galerías de arte

La moda de colgar cuadros en exposiciones de arte nace en Italia a finales del siglo XVI. Con la llegada del cristianismo, las pinturas eran mayoritariamente religiosas y había muy pocos lugares donde se podían exponer, como es el caso de iglesias o algún otro edificio sagrado. Pero poco a poco, los italianos empezaron a abrir al público locales con pinturas no religiosas expuestas en las paredes. Esta moda se expandió por Europa y, cuando llegó la Regencia, las galerías de arte en el Reino Unido ya eran bastante conocidas y una actividad exclusiva de la clase alta.

Tanto la primera como la segunda temporada de *Los Bridgerton* nos dan una pequeña pincelada del interior de una galería de arte en la Regencia. Las galerías de arte y/o los museos de la época eran muy distintos al concepto que tenemos de ellos hoy en día, especialmente si hablamos de las galerías de cuadros.

Si vamos a un museo hoy en día, lo más probable es que encontremos grandes salas con objetos de arte o antigüedades repartidos espaciosamente por las paredes o la sala. En las galerías ocurre lo mismo, la gran mayoría son salas con cuadros colgados a cierta distancia unos de otros en la pared. De esta forma, el visitante puede pararse y observar atentamente la pintura, sin más distracciones, y aquello que el pintor desea expresar.

A finales del 1700 e inicio del 1800 ese concepto de espacio y distracción no existía. Las salas de una galería de arte estaban repletas de cuadros, a rebosar, de arriba abajo y sin apenas espacio entre pintura y pintura. A este método se le llamaba *skying* y consistía en cubrir cada centímetro de la pared con cuadros. De este modo, las instituciones públicas podían mostrar mayor cantidad de pinturas a la vez, atrayendo a más público.

En algunas galerías, las de más prestigio, existía una especie de línea horizontal invisible que dividía la pared por la mitad. De este modo, se podía organizar los distintos cuadros de cada pintor según la popularidad o la influencia de este. La posición principal y más privilegiada en la que solo los artistas de renombre conseguían exponer sus cuadros en ella, era justo debajo de la línea invisible. Era la posición en la cual los espectadores podían ver más fácilmente los cuadros, no tenían que agachar ni subir la cabeza. Eran las pinturas que se encontraban en esa posición, las que más se comentaban y también las que más se vendían.

Las galerías de arte debían disponer de una buena iluminación para que los cuadros pudieran ser admirados.

Los cuadros colgados más arriba de la línea divisora o invisible se colocaban mucho más aleatoriamente y apenas eran visibles para los visitantes. Los cuadros que quedaban arriba del todo de la pared, justo tocando el techo, se colgaban de manera que la parte superior del cuadro sobresaliese un poco de la pared, de esta forma tenías mejor visibilidad de la pintura desde abajo. Ocurre que, con este método, los cuadros quedaban en penumbra, era muy fácil que les tocasen las sombras y, además, la perspectiva cambiaba completamente. Si fuesen de esos cua-

¿Sabías que...?

Por aquel entonces, los cuadros expuestos en galerías de arte públicas también estaban a la venta. Coleccionistas de arte y todo aquel entendedor de la pintura con dinero suficiente se paseaba por las salas de estas exposiciones para llevarse uno de los cuadros a sus colecciones privadas en casa. También existían las casas de subastas donde distintos objetos artísticos se vendían a coleccionistas y compradores privados.

dros que cuando los miras de un lado o de otro cambia el dibujo, no habría problema, pero en esa época simplemente terminabas con una pintura desfigurada.

¿Cómo se decidía dónde colocar los cuadros dependiendo del pintor? Pues como en todo en la vida, por la fama. Los pintores más conocidos con cuadros más valiosos que los demás, se situaban en la línea central. Los pintores no tan conocidos o sin tan talento podían ir o por debajo de la línea central o bien por encima. Claro que, si estabas muy arriba, nadie miraba qué carajos habías pintado. Es por eso que, la mayoría de los pintores expertos consideraban una humillación tener sus cuadros colgados en cualquier otro lugar que no fuese la línea central. Incluso muchos de ellos rechazaban la invitación de las galerías de arte por darles tal posición. Los únicos agradecidos con si quiera exponer sus cuadros en una galería eran los pintores novatos, aquellos sin apenas carrera o de nombres desconocidos todavía. Como diría Rosalía «es mala amante la fama y no va a quererte de verdad. Es *demasia'o* traicionera, y como ella viene, se te va».

El uso de la luz era de suma importancia en las galerías de arte de la Regencia. Los cuadros se pintaban para ser vistos, así que las galerías debían asegurar una buena iluminación en cada rincón de la sala. Como ya hemos visto antes en los teatros, la iluminación en esta época era a través de velas o lámparas de aceite, por lo

¡Dato curioso!

En 1812, el príncipe Regente Jorge IV donó a la Real Academia de las Artes una lámpara de araña con más de 30 lámparas de aceite para iluminar una de sus galerías. Puede que como persona Jorge IV dejase mucho que desear, pero no hay duda en que fue uno de los grandes impulsores por los que la Regencia se abrió a la idea de nuevos pensamientos, movimientos artísticos y tecnologías.

que la vía de iluminación más fiable era la luz natural. La mayoría de las exposiciones se abrían al público durante el día, precisamente para asegurar una buena visibilidad de las pinturas.

En ocasiones especiales, la Real Academia de las Artes organizaba eventos por la tarde o ya entrada la noche, en estas ocasiones, las velas y lámparas de aceite eran primordiales. ¡Aunque peligrosas! Como en los museos o galerías de hoy en día, durante la Regencia se exponía arte muy valioso, así que un incendio sería devastador. El fuego como luz principal solo servía en estas ocasiones especiales, ya que el calor y el humo podían dañar la pintura de los cuadros. No fue hasta el 1817 que las galerías de arte instalaron luz de gas.

Volviendo un poco a *Los Bridgerton*, el tercer capítulo de la primera temporada no es casualidad que se titule «el arte del desmayo». En este capítulo y también más adelante en dos ocasiones, podemos ver a la familia Bridgerton disfrutar de una escapada a la galería de arte de Somerset House, a la orilla norte del río Támesis, lugar donde rodaron esas escenas. El Somerset House ha sido anfitrión de exposiciones de arte desde 1780. Es quizá en la segunda temporada, cuando Anthony visita la galería con las hermanas Sharma, que podemos apreciar una representación más realista de cómo lucía una sala de pinturas durante la Regencia, pues en la del tercer capítulo de la primera temporada los cuadros parecen estar demasiado separados, más acomodados a un museo antiguo en nuestro siglo.

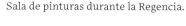

Sala de pinturas durante la Regencia.

Hasta ahora hemos estado hablando de las galerías de arte públicas, aquellas a las que tanto hombres como mujeres de la alta nobleza británica tenían acceso y disfrutaban, sobre todo, durante la temporada social. Pero existían otro tipo de galerías de arte con pinturas y exposiciones más curiosas y de tipo más discreto...

Galerías de arte privadas

Las galerías de arte privadas eran aquellas que se encontraban en casas de nobles adinerados. Dedicaban una o más salas a la exposición del arte, sobre todo pinturas, tal y como podemos ver en la novela *Orgullo y Prejuicio*. La casa de Darcy acoge una gran galería de arte; en la novela original es de pinturas y en la película de 2005 decidieron convertirla en una sala de esculturas.

La tradición de coleccionar arte no se popularizó en Europa hasta la época del Renacimiento. En la Regencia ya existían coleccionistas y compradores de arte obsesionados en conseguir las reliquias más valiosas. Muchos de estos coleccionistas o compradores privados exponían sus propias colecciones en casa. Aunque las galerías de arte privadas de la aristocracia más elevada o la realeza utilizasen los mismos métodos y normas que las galerías públicas, había otro sector de la nobleza e incluso burguesía que poseían exhibiciones y arte de carácter poco apropiado para el público general. Sí, es lo que todos estamos pensando.

La iluminación natural de las galerías de arte públicas solía ser a través de tragaluces para que la luz iluminase la sala de manera uniforme, sin demasiadas sombras y también para aprovechar al máximo el espacio de las paredes. En cambio, en las galerías privadas se utilizaban ventanas o ventanales normales y corrientes. Las ventanas se situaban mirando al norte para evitar que el sol dañase las pinturas. A veces, si los cuadros eran muy valiosos o delicados, se les instalaban unas cortinas que solo se destapaban cuando había el público adecuado para verlos.

¿Público adecuado? Bueno, no todos los cuadros con cortinas eran para protegerlos del sol. En las galerías privadas estaba permitido exponer cuadros de tipo más grotesco o sexual,

pinturas que las instituciones públicas no permitían por miedo a afectar a las mujeres o a cualquier quisquilloso. Las pinturas eróticas han existido desde hace muchos siglos, incluso en muchas culturas y antes de que llegase la religión cristiana, estas pinturas eran de conocimiento público. Pero durante la Regencia, los hombres que poseían este tipo de pinturas lo hacían de manera muy privada. ¡Había varias opciones!

¿Sabías que...?

Los cuadros expuestos en galerías tanto privadas como públicas del Reino Unido, no solo pertenecían a pintores británicos. Desde el siglo XVII hasta inicios del siglo XIX, era costumbre para los jóvenes nobles que cumplían la mayoría de edad aventurarse al «Grand Tour». Este tour por Europa les servía como crecimiento educativo y personal, con un itinerario bien preparado para que estos jóvenes pudieran descubrir la cultura clásica de los distintos países del continente. ¡Un erasmus a la antigua! Estos tours impulsaron la compra y exportación de cuadros y arte de distintos lugares de Europa hacia el Reino Unido. Una vez en tierras inglesas, el cuadro debía ser expuesto para el público o simplemente para presumir delante de los amigos y conocidos. Esta segunda opción se me hace la más común.

Algunos hombres tenían galerías privadas de acceso limitado solo a otros hombres de confianza y, mientras no había visitantes, los cuadros se tapaban con una cortina. Otra opción eran las habitaciones secretas. Algunos aristócratas de la Regencia poseían pequeñas habitaciones de entradas ocultas que muy pocos conocían, incluso sus mujeres muchas veces no tenían ni idea de que tal sala existiese en la casa. Estas habitaciones que se encontraban en algún rincón oculto de la librería o en su dormitorio personal, normalmente necesitaban de la luz de la vela o la lámpara de aceite y, los cuadros, habitualmente de mujeres desnudas o escenas sexuales, permanecían bajo cortinas hasta que su dueño

¡Dato curioso!

Las paredes de las galerías de arte, tanto públicas como privadas, solían ser de color rojo, un detalle también importado de los italianos. El segundo color más común era el verde, mientras que el azul era utilizado muy espontáneamente en pequeñas galerías, sobre todo privadas.

deseara recrearse en ellos. Eran así un poco como los pósteres de las revistas eróticas de nuestro siglo.

El *skying* del que hemos hablado antes, aunque también era común en galerías privadas, no estaba presente en todas. En muchas de ellas se podía ver una separación considerable entre los cuadros. Las paredes no estaban tan cubiertas de pinturas y eso se debe a que, un coleccionista privado no tenía acceso a la misma cantidad de cuadros que una institución de la Real Academia. De hecho, nuestro amigo –ahora ya íntimo– príncipe Jorge, era la excepción más notoria de la época. El rey regente poseía una galería de arte en palacio donde solo colgaba un cuadro por pared. De este modo podía admirar y dejar que los demás admirasen sus cuadros más preciados.

Algunos de los nobles que poseían galerías de arte privadas eran gente como Robert Ada, un arquitecto neoclásico británico o el duque de Wellington en su casa londinense Apsley House. Hombres con casas señoriales a las que poder dedicar una o más salas a la exposición de arte, algo que no muchos –o la mayoría–, podían permitirse.

Escuelas de arte

«El beso de mi madre me hizo pintor.»

Puede que el gesto cariñoso de una madre hacia su hijo fuese, en parte, responsable de la creación de la primera academia de arte en el Reino Unido. Benjamin West fue un pintor británico americano nacido en Pennsylvania. Sus padres eran meseros y él nació como el décimo hijo de la pareja. West tuvo una infancia relativamente alegre, vivía cerca de una reserva de nativos americanos y fueron ellos los que le enseñaron a crear pintura él mismo mezclando la arcilla de la orilla del río con grasa de oso.

Una tarde (¡esta parte me encanta!), su madre tuvo que dejarlo a él y su hermana pequeña, Sally, solos en casa. Tras juguetear con unos botes de pintura que encontró tirados por allí, Benjamin se puso a pintar un retrato de su hermana. Hay artistas que simplemente nacen con talento y West fue uno de ellos. Cuando su madre volvió a casa y vio el retrato que había pintado su hijo, no podía creer lo que veía. ¡La pintura era idéntica a Sally! Su madre emocionada, le besó en la mejilla. Según él, fue ese beso el que le descubrió su propósito en la vida.

Benjamin fue un pintor autodidacta, sin apenas estudios artísticos. Al principio trabajaba pintando retratos, aunque cobrando apenas nada. Poco a poco, su talento hizo que encontrara clientes cada vez más adinerados haciendo *networking*, hasta que un día, William Smith, un sacerdote episcopal de la Universidad de Filadelfia, vio uno de sus cuadros y quedó maravillado. Este sacerdote es quien decidió convertirse en su patrón, encargándose de su educación y carrera. Es gracias a esto que, al cabo de unos años, Benjamin pudo hacer el Grand Tour por Europa y, finalmente, llegar a Inglaterra en el año 1763.

Una vez pisó tierras inglesas, ya no volvió más a América, y es que la vida como británico no le fue nada mal. West conoció a muchos hombres influyentes, sobre todo de la Iglesia. Al cabo de los años se casó con su prometida de Filadelfia y se instalaron definitivamente en Inglaterra. Benjamin trabajó en distintos proyectos artísticos para gente de la alta nobleza británica, pero su vida cambió el día en que el rey Jorge III decidió convertirse en su patrón, ayudando a desarrollar sus proyectos más ambiciosos. Si vas a buscar patrocinadores, ¡qué mejor que un rey!

Benjamin y el rey conectaron enseguida y ambos mantenían largas discusiones sobre arte en Inglaterra. Juntos empezaron a barajar la posibilidad de crear una institución de arte en el país, un lugar donde los artistas pudieran aprender, comentar y exponer sus creaciones y que, además, eso ayudara a nutrir la mente de la sociedad. Puede que nuestro amigo Jorge IV tuviera más cosas en común con su padre de las que creemos...

Y es que, así fue, al cabo de pocos años, se abriría la primera institución de arte británica con Benjamin West siendo una pieza clave del proceso. Su Amistad con el rey le abrió un sinfín de puertas con distintas posibilidades a nivel artístico y, una de las más significativas es que en 1772, Jorge III lo declaró oficialmente el pintor histórico de la corte real. West pintó una larga lista de cuadros que han trascendido en la historia de la pintura inglesa.

La muerte del General Wolfe, de Benjamin West.

Uno de los cuadros más famosos de Benjamin West y de las pinturas más trascendentales de la época fue *The Death of General Wolfe* (*La Muerte del General Wolfe*). La pintura muestra la muerte del general James Wolfe durante la victoria en la Batalla de Quebec.

¡Dato curioso!

En 1776 estalló la Revolución americana. Benjamin era, en esencia, americano, pero nunca se pronunció al respecto. No importa de qué bando estuviese, si se posicionaba con uno se arriesgaba a perder todo lo que había conseguido hasta ese momento, ya que, aunque decidiese apoyar a los ingleses, podía perder las influencias y los patrocinadores de América. En cambio, el pintor prosiguió con su vida en tierras británicas convirtiéndose en uno de los pintores de escenas históricas más influyentes de la época. De hecho, algunas de estas pinturas eran, precisamente, sobre la guerra en América.

Y estarás pensando que dónde narices están las escuelas de arte, que si me he enrollado en hablar de este señor simplemente porque me gusta su historia... Pues sí. Pero realmente, no. Vamos a ver, la escuela de arte a la que Benedict Bridgerton está tan desesperado por entrar no surge de la nada. De hecho, su aparición es uno de los factores que más influyen en el movimiento romántico y artístico del conocido y amado por muchos lectores de novela romántica, estilo Regencia.

El segundo hijo de los Bridgerton es un joven con inquietudes artísticas. En la primera temporada, podemos ver a Benedict interesado en la pintura, pero sin ver en ello nada más allá que un simple hobby. Es cuando conoce a sir Henry Granville, un pintor famoso dentro de la Regencia ficticia de la serie, que se da cuenta que el arte también es una forma de vida. A partir de ese momento, Benedict empieza a interesarse por esta vida más bohemia, liberal y sentida que le muestra el pintor. Y es también cuando, ya entrados en la segunda temporada, se propone estudiar en la Real Academia de las Artes. Y aquí es donde en realidad, quería llegar yo.

La Real Academia de las Artes

Poco después de que Benjamin West se hiciera amigo del rey Jorge III, entró a formar parte de una nueva –y me atrevería a decir experimental–, sociedad llamada *La Sociedad de Artistas de Gran Bretaña*. Artistas de distintas disciplinas se unieron a este grupo para poder impulsar la apertura de galerías de exhibición para mostrar los proyectos más recientes al público de la ciudad. Francia disponía del famoso Salón de París, una exposición de arte anual que se había convertido en la más famosa en el mundo en ese momento.

Si hablamos de clases de pintura o cualquier otra disciplina artística, Inglaterra tampoco contaba con instituciones oficiales. La única academia más o menos conocida fue la de *St. Martin's Lane Academy*, en 1735 fundada por el pintor William Hogarthun. Esta academia era más bien un círculo cercano de artistas que se reunía en el café de *Slaughter's Coffee House* para hablar y debatir sobre arte. De estos encuentros surgió la idea de crear una academia seria, una academia que no siguiera las normas sociales ni jerárquicas de la sociedad inglesa del momento y que admitiera a todo aquel con talento artístico y predisposición de aprender. Esta academia estuvo en vigor algunos años, pero al final fue desapareciendo. Una de las pocas influencias, aunque importante, que tuvo en la época, fue la introducción del estilo Rococó en Inglaterra.

Pero puede que esta academia sirviera de ejemplo años más tarde sobre cómo no se debían hacer las cosas, ya que –y volviendo a Benjamin West–, algunos de los miembros de la Sociedad de Artistas de Gran Bretaña, presentaron un documento a Jorge III para proponer la creación de una institución que sirviera como escuela de arte en Londres. ¡Y así nació la Real Academia de las Artes!

St. Martin's Lane Academy.

También conocida como Royal Academy o, más comúnmente referida por sus siglas, sobre todo por alumnos y profesores incluso en nuestros días, la R.A. La Royal Academy nació con un total de 34 miembros fundadores, uno de los cuales era Benjamin West. El 10 de diciembre de 1768 se inauguró oficialmente la academia con el pintor de retratos Joshua Reynolds como su primer presidente.

El título oficial de la Royal Academy era «Real Academia de Londres con el Propósito de Cultivar y Mejorar las Artes de la

Pintura, la Escultura y la Arquitectura», y de ahí a reducir el nombre a dos siglas. El título define muy bien el propósito de la escuela que era educar y exhibir de manera profesional el arte británico.

Durante el primer año de la academia entraron un total de 70 alumnos. Con el tiempo se empezaron a abrir más vacantes cada curso, surgiendo listas de espera para cubrir las vacantes que quedaban libres. Al principio la Royal Academy se encontraba en un pequeño edificio de la calle Pall Mall, se trasladó a distintas localizaciones del centro de Londres en los años siguientes, aumentando la cantidad de clases, según aumentaba el número de alumnos y nuevas disciplinas.

¡Ojo al dato!

Joshua Reynolds fue presidente de la Real Academia de las Artes hasta el día de su muerte en 1792 y su predecesor fue nada más que Benjamin West. Aunque parezca que West es el protagonista en toda esta historia, era en realidad un bicho raro dentro del círculo de miembros de la academia, incluso Joshua Reynolds lo veía demasiado ambicioso y le tenía poco agrado al principio. Aun así, lo eligieron presidente y, aunque él dimitió en el año 1805 y fue sustituido por su rival James Wyatt, al año siguiente fue elegido de nuevo. Desde ese momento West se convirtió en el presidente de la academia hasta su muerte. Esto me recuerda a cuando en la escuela no quieres ser el responsable de la clase, pero al final todos te votan igualmente y, cuando llega el siguiente curso y piensas que ya te has librado, te vuelven a elegir.

En 1868, después de cien años de su apertura, se trasladó a la *Burlington House*, en Picadilly, y allí es donde ha permanecido hasta nuestro tiempo.

En *Los Brigerton*, podemos ver como Benedict no lo tiene fácil para poder entrar a formar parte de la academia. Ser estudiante de la Royal Academy no era barato, por eso solo los hombres de la nobleza británica tenían acceso. La mayoría entraba por invitación, a través de los miembros fundadores o a través de otros alumnos. Los cursos de la academia eran de tres años y el modelo de escuela se inspiró en el de la Academia de Pintura y Escultura de Francia, que llevaba ya cien años en marcha. Pero el objetivo de la academia no era solo la enseñanza del arte, sino también la exhibición.

Las exhibiciones de verano de la Royal Academy empezaron a celebrarse el mismo año de su apertura y se han mantenido hasta ahora. Es una exhibición anual donde recaudan dinero para poder seguir manteniendo la academia, ya que ni el gobierno ni la casa real aportan ni un centavo para su funcionamiento. Atender a estas exhibiciones formaba parte de la temporada social, no es casualidad que todas estas actividades lucrativas ocurriesen durante los mismos meses en que la sociedad aristócrata británica volvía a sus hogares londinenses para pasar la temporada. ¡Estaba todo pensado! Hasta finales del 1800 los artistas más reconocidos del momento habían expuesto varias veces en las exhibiciones de la R.A.

La primera mujer en la Royal Academy

Seguro que no es necesario que lo especifique, pero las mujeres no tenían permitido estudiar en la Real Academia de las Artes. Aunque practicasen la pintura o cualquier otra disciplina artística como hobby, y aunque fuesen prodigios en su tiempo.

Artistas como Eliza Bridell Fox, una pintora y profesora particular de la misma disciplina empezó a enviar peticiones a la Cámara de los Comunes del Reino Unido para que dejasen entrar mujeres a la Royal Academy. Eliza enseñaba a sus alumnas con el nivel de exigencia de la academia, con la esperanza de que así, alguna de ellas pudiese ser admitida.

Eliza nació en 1824 y tuvo una buena educación a pesar de su género, todo gracias a que su padre comprendía la importancia de la educación de la mujer. Aunque, como cualquier otro padre, que su hija decidiese ser artista le preocupaba bastante. Después de expresar su preocupación a Eliza sobre la decisión de ésta de querer dedicarse a los escenarios, Eliza empezó a estudiar pintura a los veinte años.

Su padre mismo le compraba y conseguía pinturas de artistas famosos a su hija para que pudiese practicar distintos estilos y aprender de los más grandes. Al final, también permitió que estudiara en la pequeña academia Sass's Academy, y allí estuvo tres años hasta su graduación. En 1847, Eliza pudo exhibir un retrato que hizo de su padre en la Royal Academy y allí es cuando decidió convertirse en profesora de pintura para mujeres artistas.

Eliza organizaba sesiones de pintura en la librería de su padre donde ella y otras mujeres se dedicaban a pintar modelos al desnudo. Me imagino la conversación con su padre para evitar que entrase a la librería durante el trascurso de la tarde. Una de sus alumnas fue Laura Herford, hija de la también pintora de paisajes y profesora Sarah Smith Herford. Fue Laura quien cambió el rumbo para las artistas británicas del siglo XIX siendo la primera mujer admitida en la Royal Academy.

Anne Laura Herford nació en 1831 en una familia de mujeres artistas. Su madre era pintora y más tarde su sobrina Helen Allingham, también se convirtió en una pintora reconocida de la época. La admisión de Laura en la Royal Academy es de lo más curiosa. Su profesora Eliza intentó que sus alumnas pudieran presentar sus obras a la academia como proyectos para las nuevas admisiones, pero todavía existía mucho rechazo a que una mujer estudiase al mismo nivel que los hombres en instituciones tan importantes. Al final, Laura presentó una de sus pinturas bajo la firma de «L. Herford» y sin especificar el género. Los miembros de la R.A quedaron fascinados con la obra y finalmente la admitieron por el mérito de su trabajo y su talento.

Eliza Bridell Fox -autora de este *Mujer europea*- comenzó a dar clases de pintura a mujeres para su admisión en las escuelas de la Royal Academy of Arts.

En 1860, Laura Herford se convirtió en la primera mujer de la Royal Academy, abriendo las puertas para muchas más, ya que solo tres años más tarde ya había diez mujeres estudiando en la academia. Tras su muerte en 1870, la Royal Academy ya había admitido a más de 40 mujeres estudiando el temario completo y llegando a los cursos más avanzados del momento.

LA MODA ALREDEDOR DEL 1800

Los «vestidos de época» o «ropa de época», es un concepto muy genérico dentro de las novelas o historias que abarcan sobre todo las épocas: georgiana, Regencia y victoriana. Se tiene la costumbre de mezclar las distintas modas terminando en un batiburrillo que poco tiene de veracidad histórica. Hay que tener en cuenta que, dentro de una sola época, había transiciones en el vestuario, cambios de moda y nuevas tendencias más o menos cada diez años. Es decir, la forma de vestir de los humanos suele modificarse en el transcurso de una década, e incluso en los tiempos tan avanzados y de tendencias tan rápidas que vivimos en nuestro siglo, estos cambios en la moda se pueden ver prácticamente en menos de cinco años.

Durante la Regencia, sobre todo durante el conocido «estilo Regencia», la moda estaba en constante evolución. Desde el 1790 aproximadamente, hasta pasados los 1820, Inglaterra vivió el comienzo de ese nuevo movimiento artístico, político y social dentro de un contexto de guerras y conflictos entre países que afectó de manera importante también a la moda.

Acontecimientos como la Revolución francesa, la Revolución industrial, las Guerras napoleónicas o la Guerra de Independencia de los Estados Unidos sometieron a la moda británica a una continua influencia. ¿Qué quiere decir todo eso? Pues que los ingleses se cansaron de la ropa ornamental, ostentosa, rígida y poco cómoda que vistieron durante la época georgiana e incluso antes, y adoptaron un modelo neoclásico que dio la bienvenida a un estilo ligero, romántico y que resaltase la belleza natural profundamente inspirado en los griegos y romanos.

Este estilo se le conoce como *Empire silhouette*, en español «Indumentaria estilo Imperio» o también como «Estilo directorio», y se caracteriza por tener un corte alto, justo por debajo del pecho, y le da una sensación de cintura alta muy particular. El vestido cae a peso hacia abajo, sin la ayuda de faldas con aro, miriñaques o polisón, elementos que se utilizaban para marcar volumen a la falda. Al seguir un estilo de vestimenta grecorromana, los vestidos de mujer eran finos, de poca tela y pensados para una mayor comodidad.

La evolución de la moda Regencia entre 1809 y 1828.

Para la moda de los hombres se abandonaron todo tipo de detalles de encaje o bordados. El corte de los trajes era muy importante y era lo que realmente indicaba estilo y calidad. El precursor de todos estos cambios en la moda del hombre durante la Regencia se debía al creador del estilo *dandy* George Bryan Brummell, conocido por todos como Beau.

Beau era un hombre rico que lo único que pareció aportar a la sociedad inglesa fue un cuidado extremo de la higiene y la vestimenta. Los hombres se fijaban en él y lo imitaban, aunque algunos creían que dedicar cinco horas a la rutina de vestirse era demasiado. Beau fue de los primeros en abandonar las ropas ostentosas e introducir una moda simple, de aspecto más serio y elegante, con detalles de tipo militar. Los calzones y las medias altas dieron paso a los pantalones largos, y los trajes eran de colores

George Bryan Brummell, el dandy de la época

¡Ojo al dato!

Gran parte de esta influencia que Beau Brummell tenía sobre los hombres de la aristocracia británica, se debía a su ingenio al hablar y su amistad con el rey Regente, nuestro amigo –y él suyo– Jorge IV. Jorge estaba fascinado con las formas, el carisma, la elegancia y el desparpajo de Beau, tanto incluso que le gustaba acompañarlo durante su rutina de la mañana y observar cada paso tan medido y meticuloso. Aunque esta amistad solo duró hasta la muerte de Jorge III, cuando su hijo heredó la corona y dejo de codearse con hombres del partido liberal.

oscuros y sofisticados. Durante esta época también se popularizó el uso de patillas prominentes. Sí, tal cual, las horrendas patillas que vemos en Anthony Bridgerton durante la primera temporada.

En *Los Bridgerton* se puede apreciar este estilo más sencillo y con poco volumen sobre todo en el vestuario de las mujeres. Es cierto que la S.A.H.T (Sociedad anónima de historiadores de Twitter) saltaron enseguida a despotricar de los fallos e incongruencias que se podían encontrar dentro del vestuario. Pero, como bien explica la diseñadora Ellen Mirojnik, quien se encargó de una buena parte del vestuario de la serie: «Nos pusimos a mirar diferentes siluetas y formas teniendo en mente que iba a ser una inspiración, no una recreación histórica exacta». Parece ser que, como en muchos aspectos de la serie, el vestuario decidió ser igual de innovador.

Daphne con un vestido de corte Imperio.

Aun así, podemos apreciar en Daphne Bridgerton y los demás personajes ese estilo tan suelto, de confecciones más cómodas de las que estamos acostumbrados en la «ropa de época» y además nos ofrecen un festín visual de detalles y preciosos acabados que... para qué nos vamos a quejar.

A pesar de las críticas recibidas, parece ser que los diseñadores y estilistas de *Los Bridgerton* han despertado un interés muy grande por el estilo Regencia y han creado una nueva tendencia conocida como la *Regencycore*. Prendas como los corsés, los vestidos de corte Imperio, los guantes largos y los tocados altos adornados con perlas se han puesto de moda en poco tiempo después del estreno de la primera temporada en 2020. Parece ser que el estilo Regencia vuelve a nuestras casas, aunque esta vez, con un toque moderno que le da su propio estilo. Si se decide colectivamente que vuelvan los vestidos de corte alto y los recogidos de pelo entramados, yo me uno al movimiento.

¿Sabías que...?

Si has visto series como *Queens Gambit, Shadow and Bone, Las chicas del Cable, Élite, Peaky Blinders* o películas como la reciente *Dune, Modelo 77* o *Irati* es imprescindible que conozcas a Peris Costumes, la casa de vestuario española más grande del mundo y que ha trabajado con un centenar de producciones cinematográficas y televisivas del mundo entero. Tienen más de diez millones de piezas de vestuario de todas las épocas y países a disposición de los mejores diseñadores y productoras audiovisuales. Son ellos también quienes han trabajado con *Los Bridgerton*, ayudando a confeccionar los preciosos vestidos y prendas varias que utilizan los personajes de la serie. ¡Yo me perdería encantada en sus instalaciones! ¿Es esto una petición para que me inviten? Puede.

Vestidos de la Regencia

Lo mejor para habar de la moda durante la Regencia es empezar desde dentro hacia a fuera. Es decir, empezando con la ropa interior. El concepto de «ropa interior» que tenemos ahora no existía como tal en este periodo. Pero, al contrario de lo que se ve en muchas historias de época, existían algunas prendas que nos recuerdan sobre todo a la ropa interior femenina.

Ropa interior de época

Las mujeres vestían una *chemise*, una camisa blanca tipo camisón de dormir como primera capa de vestuario. Era una camisa hecha con algodón o lino muy sencilla, de confección simple y sin adornos o color de ningún tipo. Esta camisa de mangas cortas servía principalmente para proteger la piel de rozaduras con la ropa de vestir y sobre todo con el corsé, además de evitar que los vestidos sueltos de la época marcasen demasiado la figura de debajo. Por último, era una prenda muy útil para evitar manchar la ropa exterior de sudor y así poder lavarla sin preocuparse por el desgastase, ya que no era visible para nadie y el largo de la camisa terminaba mucho antes de llegar al dobladillo del vestido.

En 1806 se introdujeron unos pantalones de tela fina también hechos con algodón o lino, que cubrían desde la cintura hasta debajo de la rodilla o hasta los tobillos. Era una prenda que provenía de la moda masculina, pero por supuesto, nadie tenía visibilidad de ella; así como la camisa, se utilizaba bajo todas las capas de ropa.

Otra prenda que se puede considerar como parte de la ropa interior de la época eran los corsés. ¡Sí, había corsés! No sé por qué algunas personas tienen la percepción de que, durante la Regencia –durante la época de Jane Austen–, las mujeres habían abandonado la moda de los corsés o todavía no había llegado a ellas. Los corsés llevaban existiendo desde hace mucho antes de llegar a la Regencia, pero fue durante este periodo de vestuario cómodo y ropas más simples, que se utilizaron otro tipo de corsés.

Es cierto que el tipo de vestidos y cortes altos utilizados en esta época no necesitaba de corsés para marcar la figura, pero muchas mujeres los utilizaban de todos modos. Estos corsés eran más bien parecidos a sujetadores, servían para poder mantener el pecho alto y firme, aunque la gracia estaba en aparentar que no los llevaban. Un poco como los sujetadores *push up* de hoy en día. De todas formas, no tenían nada que ver con los típicos corsés estranguladores que estamos acostumbrados a ver en la época victoriana o incluso en épocas más antiguas.

Había tanto corsés cortos como largos, los cortos siendo especialmente similares a un sujetador. Los corsés cortos servían para alzar el pecho y separarlo, especialmente teniendo en cuenta que durante esta época los escotes podían llevarse bastante bajos. Los corsés largos, por otro lado, servían también para mantener una buena postura o para aparentar tener una cintura más delgada. En general, los corsés servían de soporte

Los corsés servían de soporte para sujetar y realzar el pecho.

para el pecho, muy parecido al motivo por el cual utilizamos sujetadores hoy en día. La comodidad era parte clave en la moda de la Regencia, así que las mujeres preferían prendas ligeras y poco apretadas. Todo lo contrario ocurría en la moda que vendría unos años más tarde con la época victoriana.

Las mujeres podían usar más de una enagua, dependiendo de la temperatura.

Otra prenda que se podría incluir dentro de la ropa interior, aunque no estaba considerada como tal, es la enagua. Las mujeres podían usar más de una enagua dependiendo de la temperatura. Las enaguas eran la prenda que quedaba entre el corsé y el vestido exterior, servía principalmente para que el vestido no se pegara demasiado al cuerpo y así disimulaba las curvas femeninas. Es decir, que mostrar el pecho bien, pero la cintura mal.

Y la última prenda que conforma la ropa interior femenina de la Regencia son las medias. Sí, esas medias que vemos en escenas eróticas donde el caballero le levanta el vestido a la dama y le desabrocha lentamente la liga atada sobre la rodilla, para después bajar la media de manera seductora hasta deshacerse de ella. Las medias se encontraban bajo el vestido exterior y solían llevar adornos de encaje o bordados de colores claros.

Hay poco que decir sobre la ropa interior masculina, no se usaban tantas prendas, aunque sí que había varias opciones. En esta época empezaron a surgir las camisas interiores y los calzoncillos tipo pantalón. Estos «calzoncillos largos» se ataban con un cordón por la parte delantera igual que en los bajos. Eran de tela simple y blanca como la de las mujeres, no perdían el tiempo ni el dinero en una prenda que no fuera a verse y que requería de un lavado más frecuente. Hay que decir que la mayoría de los hombres encontraban estas prendas un engorro y preferían ir en comando, sin tener que sentir una capa de ropa molestando por debajo de la ropa.

Eso quiere decir que, aunque estas prendas de ropa interior masculina surgieron durante la Regencia, tardaron un tiempo en ser utilizadas de manera regular. En cambio, muchos hombres utilizaban medias de algodón para disimular los pelos de las piernas que podían marcarse por debajo de la ropa.

¡Dato curioso!

La prensa rosa o las noticias del día no eran las únicas revistas que se publicaban en la época. También se popularizó una revista de moda llamada *La Belle Assemblée* que empezó a publicarse el año 1806 y estuvo en marcha hasta 1837. Aunque se centraba en la moda y vestimenta de las mujeres de la época y hablaba directamente hacia ellas, también incluía apartados de ficción y poesía, ciencia y política, y hasta entrevistas. Una de las contribuciones más conocidas es la de la escritora gótica Mary Shelley, autora de *Frankenstein*.

Ropa de calle

Los vestidos y trajes de las damas y caballeros de la Regencia cambiaban según el momento del día o las actividades. Una persona de bien en la Regencia no vestía el mismo traje desde la mañana hasta la noche a no ser que no se fuera a mover del sitio. La ropa y sus capas se escogían y confeccionaban muy acorde con las distintas actividades de la aristocracia británica.

Trajes de montar, vestidos de caminar, vestidos de viaje, trajes de cena y muchos más eran conjuntos de ropa muy comunes en los armarios de la nobleza inglesa. Tanto hombres como mujeres sufrían este constante cambio de vestimenta, aunque parece ser que las mujeres tenían más opciones. Los vestidos de mujer venían en varios estilos, de menor a mayor cantidad de prendas, así como de la confección más barata a la más sofisticada y de calidad.

El estilo «desnudo» era el de estar por casa, era el que se utilizaba para los «vestidos de mañana». Estos vestidos se inspiraban en los trajes de las antiguas esculturas griegas: simples y cómodos (casualmente ese es mi lema para la ropa). Un vestido de mañana estaba hecho de material fino y podía ser de manga larga o corta. Normalmente no tenía ningún adorno o confección especial ya que las mujeres solo lo utilizaban en casa, durante el transcurso de la mañana hasta el mediodía o incluso hasta la tarde si no tenían ninguna actividad a la que asistir. Un poco como yo que voy siempre en pijama. Estos vestidos solían ser de muselina ya que eran fáciles de lavar y caían perezosamente sobre el cuerpo.

El estilo «medio vestido» era aquel que se utilizaba con los «vestidos de calle», esos que servían para salir durante el día o recibir visitas. Estos vestidos ya eran más refinados que los de la mañana. Solían estar a la moda e incluían distintos adornos de confección relativamente cara. Era un *look* casual, pero arreglado. Al fin y al cabo, esta vestimenta servía para ser vista, y uno nunca sabía con quién se iba a encontrar por la calle; quizá un duque, quizá un barón o quizá el autor/a de alguna revista de cotilleos que pudiese despotricar de tu atuendo.

¿Sabías que...?

Así como se publicaban manuales de etiqueta y modales, especialmente para las jóvenes damas, también existió un famoso manual de moda con el nombre de Mirror of Graces, el cual todavía se puede conseguir actualmente. Era un libro dirigido a las mujeres que contaba con infinidad de consejos sobre cómo debía vestirse una dama dependiendo de su edad y complexión. El libro lo escribía una persona anónima que se hacía llamar «A Lady of Distinction». Era un libro bastante popular y entretenido gracias a la manera honesta, directa e ingeniosa en que A Lady of Distinction escribía. Las damas acudían a él como guía y consejero.

Los «vestidos de tarde» también estaban confeccionados al detalle, con los adornos que fuesen necesarios y siempre acorde al lugar o evento al que las damas fueran a asistir. La tela de muselina era de las más usadas a inicios del 1800, era una tela fina que poco abrigaba durante la temporada invierno. Y es que, por culpa de usar este tipo de tela en vestidos de tarde, algunas mujeres murieron a causa de pulmonías y fuertes resfriados. La gente de la Regencia lo llamaba «la enfermedad de la muselina».

Así como los vestidos de mañana incorporaban pañuelos y bufandas para cubrir el bajo escote, los «vestidos de noche» -que también incluían vestidos de fiestas y bailes- podían ir más escotados, mostrando la belleza natural que tanto buscaban en la Regencia. Estos vestidos de fiesta eran, normalmente, de manga corta y por eso debían incluir siempre unos guantes largos a medida de cada señorita. Estos guantes eran de color blanco o colo-

Los vestidos de fiesta solían ser de manga corta.

res pastel para las jóvenes y de colores más oscuros y maduros para las mujeres casadas o de avanzada edad. Viendo el panorama, no me extraña que muchas mujeres muriesen congeladas... Si ya lo llevo diciendo yo desde el instituto: vaya yo caliente, ríase la gente.

Que no cunda el pánico, eso no quiere decir que las mujeres de la Regencia no usasen abrigos. Las capas con capucha eran una prenda muy importante de la ropa de tarde, la chaqueta más conocida de la época fue la Spencer, que quedaba ajustada al cuerpo y lle-

gaba hasta la cintura. A principios del 1800 solían llevar un calentito cuello de piel que abarcaba hasta los hombros. El color de la chaqueta Spencer solía ser más oscuro que el del vestido y podía llevarse abierta o completamente abrochada de arriba a abajo.

Como ya hemos comentado, la influencia de las Guerras napoleónicas llegó también a la ropa. Un claro ejemplo de ello era la pelliza, un chaquetón o abrigo que podía estar forrado o confeccionado con piel y adornos de tipo militar. El material de la pelliza solía variar según la época del año, en verano era común la muselina por su fina tela mientras que en invierno podían verse, aparte de piel, de lana o terciopelo.

Como complementos de abrigo, las mujeres de la Regencia utilizaban guantes, gorros y orejeras. Y sí, durante el verano era muy común ver a las señoritas de la época usando los típicos parasoles que se ven en las películas para proteger la piel del sol. Es un complemento que opino que deberíamos volver a poner de moda, especialmente con el sol abrasador que nos deja cada vez más el cambio climático. Como dice mi madre: si usamos el paraguas para la lluvia ¿por qué nos da vergüenza usar el parasol?

El parasol o sombrilla, un complemento indispensable para salir al campo.

La ropa exterior de los hombres, aunque menos complicada y de estilos más sencillos, también se caracterizaba por las distintas prendas y piezas de ropa. Como hemos visto antes, el estilo *dandy* más la llegada del movimiento romántico a tierras inglesas, supuso una nueva moda en la confección de ropa para hombre. La clave estaba en representar elegancia y calidad a través de trajes de corte definido que mostrase la silueta del hombre en todo su esplendor.

¡Ojo al dato!

Para las mujeres de la época victoriana, los vestidos de la Regencia eran considerados indecentes. Incluso algunas mujeres sentían vergüenza por el solo pensamiento de que sus madres o abuelas hubiesen llevado alguna vez esas prendas. Es un poco como el mundo al revés; lo antiguo es liberal mientras que lo moderno (victoriano) es conservador. Para evitar mostrar este tipo de indumentaria indecente, los pintores de la época victoriana, a la hora de representar escenas de la guerra de Napoleón, sustituían los vestidos de las mujeres por los victorianos. Era el *censorship* de la época.

Las camisas blancas de muselina fueron las más populares. Mientras que el blanco representaba la pureza interior, los trajes debían ser de colores oscuros, aunque eso no signifique de un color solemne y sin vida, algunas prendas de ropa se confeccionaban con telas alegres y vivaces. La clave estaba en encontrar el contraste que mantuviese la figura del hombre respetable y caballeresca. Otras camisas se hacían con lino y llevaban los cuellos cerrados, muchas veces atados con los populares «cravat», una especie de pañuelo para el cuello que sería el predecesor de la corbata y la pajarita. Esta prenda que se puso muy de moda entre los hombres londinenses fue creada por Beau Brummell, el dandi de los dandis.

El cravat, un pañuelo para el cuello que se puso de moda entre los hombres.

Los calzones y medias empezaron a desaparecer y poco a poco llegaron los pantalones largos, sobre todo para la vestimenta de calle. Espero que esto no lo lea ningún británico, pero casi todas las modas utilizadas en el Reino Unido durante siglos han sido influenciadas en la gran mayoría por los franceses, tanto la ropa de mujer como la de hombre. Cuando empezó el conflicto entre Inglaterra y Francia de los años 1815 a 1825, ese intercambio de moda se vio afectado severamente por la falta de información y trato entre los dos países. Tanto que, una vez firmado el tratado de paz, las mujeres inglesas se escandalizaron de ver lo distinta que era la moda entre los dos países y se apresuraron a incluir los *looks* franceses en sus armarios. En el caso de los pantalones largos, también surgieron por la Revolución francesa.

Encima de las camisas blancas, los caballeros llevaban una chaqueta de cola

> **¡Dato curioso!**
>
> Así como los ingleses –especialmente las mujeres– se dejaban influenciar por la moda francesa, las mujeres españolas decidieron que por encima de su cadáver. Mientras la mitad de los países europeos seguía la moda que venía de Francia, en España, aunque también se adoptaron vestimentas, ese roce entre los dos países hizo que las mujeres españolas decidiesen adaptar los vestidos tradicionales hacia los nuevos tiempos, en vez de tener que ir igual que las francesas. *Typical spanish.*

larga y cuello alto, vestimenta que podemos ver en Darcy durante casi toda la película (excepto en la última y magnífica secuencia donde aparece con el pelo revuelto, lo que parece ser una bata de estar por casa y la famosa camisa de pecho abierto que ha dado un vuelco al corazón a tantos fans desde hace años).

Los chalecos también eran una prenda bastante popular, aunque pasó por bastantes cambios a lo largo de la época. Al principio eran de cintura y cuello alto con solapas anchas. Poco a poco los chalecos con solapas empezaron a pasar de moda, y hacia el 1810 los chalecos blancos o a rayas horizontales de repente se popularizaron. Por lo que, los hombres de *Los Bridgerton*, estaban en un momento en que los chalecos tradicionales ya no se llevaban y pasaron a usar chalecos más estilosos. Ahora corre a Netflix a ver si es verdad.

Peinados, accesorios y sombreros

Los hombres y mujeres de la Regencia ponían mucha atención a los peinados, recogidos y accesorios para el pelo o la cabeza. Ya no era solo parte de la moda, salir a la calle con la melena suelta y al natural no tenía cabida en la vida de las clases más altas. De hecho, que una mujer saliese a pasear sin capota o algún elemento decorativo en el pelo se asociaba a las clases sociales más bajas, considerándose algo propio de prostitutas. Había un factor de etiqueta que impactaba en el uso de los peinados y, sobre todo, los sombreros de los caballeros.

El tipo de peinado también se vio también fuertemente influenciada por el neoclasicismo. Las mujeres querían adoptar los estilos que podían ver en estatuas griegas y romanas, por eso los rizos y tirabuzones se volvieron muy populares durante este periodo. Adoptaron un estilo mucho más simple a inicios del 1800, abandonando los altos tocados y recogidos extravagantes del 1700. Aunque para finales de la Regencia, según la cintura de los vestidos iba bajando bajaba, las mujeres volvieron a los tocados altos y elaborados.

De nuevo, los conflictos políticos y las guerras de los países vecinos afectaron la moda de los peinados. Un gran ejemplo de ello se ve al finalizar la Revolución francesa, cuando la aristocracia europea no quería ser confundida con la francesa. La nobleza británica que ya se encaminaba a un estilo más simple y ligero, se deshizo de la extravagancia francesa y buscaron inspiración en los pueblos europeos antiguos como Grecia, Roma y Egipto.

El peinado de una dama

A inicios del 1800 aparecieron los moños bajos, se situaban en la parte trasera de la cabeza y venían con distintos estilos y recogidos, como por ejemplo los lazos o las trenzas. Los moños perduraron durante toda la Regencia, aunque evolucionaron hacia diseños más elaborados según avanzaban los años.

Los rizos y los tirabuzones solían acompañar estos peinados, los rizos aparecían por debajo de las cofias o capotas, cayendo sobre la frente y por los lados. Los rizos cortos marcaban tendencia, era importante que no pasaran más abajo de la mandíbula. Como hemos visto, lo moda iba de menos a más, por lo que a inicios del 1800 las mujeres preferían rizos ligeros, con un look desenfadado y acompañados de un pequeño moño. Un peinado natural y que aparentase poco esfuerzo. Como mujer con el pelo rizado, este período de la época hubiese sido el mío.

Según avanzaba la Regencia, las mujeres empezaron a inventar combinaciones de peinados y diseños más complicados, dejando paso también a los rizos abiertos y el cabello ondulado. Sobre el 1810 se puso de moda el pelo dividido, un peinado que consistía en llevar la raya en el medio de la cabeza con los rizos o tirabuzones cayendo cortos a los lados de la cara mientras que el cabello de atrás se recogía con un moño.

Había una larga lista de peinados, con nombres y formas distintas, algunos de ellos de lo más curiosos. Quiero destacar dos de ellos, ya que fueron dos peinados contrapuestos, se pusieron de moda en períodos bastante dispares de la Regencia, pero fueron tremendamente populares entre las mujeres, a pesar de la desaprobación de algunos hombres...

A finales del siglo XVIII, alrededor del año 1790, el estilo sencillo empezaba a apoderarse de toda la moda Regencia. En este período, las mujeres popularizaron un look masculino que no hizo mucha gracia a algunos hombres. Las mujeres con actitudes o apariencia masculina no estaban muy bien vistas, es por eso que cuando apareció el peinado à la Titus, fue una revolución dentro de la moda femenina.

El Titus era un estilo de pelo corto, muy corto, y de aspecto desenfadado, sin ningún accesorio que adornase la cabeza. Era un peinado muy masculino para la moda del momento, y es que su popularidad surgió a partir de una obra trágica de Voltaire llamada *Brutus*, cuando en una representación en 1791 las mujeres se dieron cuenta del peinado de Talma, un actor francés de renombre que representaba al personaje de Titus.

Los peinados así de cortos parecen más bien cosa de siglo XXI, ya que antiguamente una mujer con el cabello corto solo podía significar que estaba enferma o era pobre. De algún modo, las mujeres de la época consiguieron hacer frente a las críticas y disfrutar de un peinado corto y de aspecto libre durante al menos veinte años, ya que a partir de 1810 el Titus dejó de usarse.

Peinado à la Titus.

¡Dato curioso!

En 1813, en Francia se publicó un libro de 135 páginas con el nombre de Anti-Titus. Creo que es fácil deducir de qué iba... En él se criticaba la moda del peinado masculino y se pedía a las mujeres que volviesen a sus cabales, que volvieran al estilo femenino, fino y elegante que las caracterizaba. Según ellos.

Y de la moda greco-romana y su estilo suelto, ligero y desenfadado, los peinados fueron evolucionando de tal manera que ya por 1824, apareció el Apollo Knot. Este peinado extremado consistía básicamente en moldear el cabello de tal manera que tomase la forma de un lazo sobre la cabeza. Se puso muy de moda durante unos años, en 1830 era el peinado en tendencia, llegando a crear elaborados lazos y otras formas sobre la cabeza de las mujeres.

Para conseguir el Apollo Knot se usaban hilos de alambre o a veces gomas de pelo rígidas para poder moldearlo a la forma deseada. Todo en lo que puedo pensar es el dolor de tener que quitarte ese meollo de cabellos después de llevarlos en la misma posición todo el día... Aunque, como yo, algunas mujeres parece que pensaron lo mismo; para ahorrarse toda esa faena y no estropear el cabello, las mujeres también usaban postizos que aparentasen el propio pelo. Una vez estaba listo el lazo, se dejaban caer los rizos por los lados y se decoraba con plumas, cintas y a veces incluso flores.

Apollo Knot.

El peinado de un caballero

Para el peinado de los hombres, acabaremos bastante rápido. Los hombres de la Regencia eran mucho más presumidos que los hombres de otras épocas. Beau Brummell, como ya hemos visto antes, fue el responsable de la mayoría de las tendencias de moda para caballeros, pero también afectó su manera de acicalarse y peinarse.

Beau puso de moda llevar la cara limpia. No, no me refiero a lavarla cada día, ¡que también! Sino que puso de moda llevar la cara bien afeitada. Los únicos caballeros con bigotes eran los altos cargos militares o parecidos, con una conducta y un porte un tanto distinto al del hombre cosmopolita del momento. El único pelo facial permitido durante ese período fueron las patillas. Largas, espesas y horripilantes patillas. ¿Se nota que no me gustan? Agradezco cada día que no decidieran darle este estilo tan exagerado a Matthew MacFadyen en su papel de Darcy. Colin Firth no tuvo tanta suerte...

El peinado de un caballero consistía en dos cosas: rizos y volumen. La longitud del pelo no era muy larga, era corta o mediana por los lados y larga en la parte de delante. El cabello largo delantero se peinaba hacia arriba para ganar volumen y muchas veces se utilizaba cera para el pelo, sobre todo para aquellos cabellos rebeldes que eran difíciles de moldear. El *look* desenfadado con los rizos a medio peinar era también una imagen bastante frecuente entre aquellos hombres con prisa o con un pelo complicado.

Era común ver a hombres con flequillos de rizos cortos que cubrían la frente y los lados de la cara hasta llegar encima de las orejas. ¡Las estatuas griegas y romanas dictaron fuertemente el *look* de cabello rizado tanto en hombres como en mujeres! Petición para que vuelva. Por último, algunos hombres también llevaban el pelo largo, comunmente recogido en una pequeña coleta a la altura de la nuca. No, por aquel entonces el *man bun* todavía no había sido inventado.

Otro peinado bastante de moda entre los hombres de la época fue el famoso à *la Titus* usado por las mujeres. Hasta ese momento, el pelo largo o mediano era lo más común en los hombres de la nobleza británica, pero esta nueva moda del peinado corto hizo que muchos caballeros se cortaran el pelo. Es por eso que, muchos de ellos, consideraban bruto y poco fino que las mujeres también lo adoptasen. Aunque puede que fuese envidia de ver que a ellas les sentara mejor que a ellos...

No sin mis accesorios

Algunas damas de la Regencia se maravillarían, mientras que otras se horrorizarían de ver los bolsos gigantescos que usamos hoy en día. Además de ver la cantidad de objetos y accesorios que llevamos en su interior. Los modelos, tamaños, texturas y formas que podemos encontrar en las tiendas, no tienen nada que ver con los que usaban las mujeres de inicios del 1800. ¡Porque los usaban!

Los «ridículos» eran pequeñas bolsas de tela que utilizaban como bolso de mano. Eran bolsitos más parecidos a un monedero de calderilla que no a un bolso, pero eran extremadamente útiles para las damas de la época. Dentro cabían distintos accesorios diarios que eran esenciales para llevar fuera de casa, como por ejemplo pañuelos o sales aromáticas que servían como estimulante cuando las damas se mareaban o se desmallaban.

Estos bolsitos de mano llegaron con el estilo grecorromano, los vestidos de corte alto de las mujeres no llevaban ningún bolsillo, por lo que se popularizaron estas redecillas con diseños varios para poder llevar con ellas lo que necesitasen. El «ridículo» tenía dos tiras en la parte superior para poder atarlas a las muñecas o incluso a la propia tela del vestido en caso de que llevasen cinturones o cintas justo debajo del pecho.

Estos bolsitos también eran útiles para poder guardar los guantes de día en caso de no utilizarlos, por ejemplo, a la hora de sentarse a comer fuera de casa. Las mujeres de la Regencia no salían de casa sin guantes puestos, no tenían que ser muy largos y el material podía ser de tela fina, pero a excepción de las comidas, era un accesorio esencial fuera de casa. Incluso si recibían visitas, también era etiqueta ponerse los guantes. En invierno genial, pero en verano debía de ser horrible.

Los guantes era un accesorio imprescindible para salir de casa.

Por último y antes de pasar a los accesorios masculinos, tenemos que hablar de los abanicos. El abanico expresaba una simbología propia: se utilizaba para expresar ciertos sentimientos como el disgusto, el flirteo o la tristeza según la posición y el movimiento en que se usase. Había abanicos de todos los colores y texturas, aunque normalmente se diseñaban con motivos orientales.

En cuanto a los accesorios masculinos, los hombres también contaban con un buen puñado de objetos diarios necesarios para salir de casa: las bolsitas para el tabaco eran un accesorio frecuente en aquella época; los monederos tenía diversos diseños y materiales de calidad; al igual que las mujeres, los hombres hacían uso de guantes de día y sales aromáticas. Pero quizá uno de los accesorios más comunes para los caballeros de la Regencia eran los relojes de bolsillo, que no solamente eran útiles para saber el tiempo, sino que también denotaban elegancia y riqueza dependiendo del modelo y diseño. Un poco como entre llevar un Rolex o un Casio.

A finales del 1700 los caballeros ya no llevaban espadas por la calle, solo los militares o rangos parecidos completaban el *look* con sus espadas. Pero eso no quiere decir que los demás hombres no fueran precavidos y quisieran llevar consigo algún arma. Los bastones de pasear eran muy comunes en la época, y algunos caballeros escondían pequeñas dagas dentro de ellos. Parece muy de película de ficción, pero era un escondite práctico y un sustituto perfecto a la ostentosa espada.

El uso del abanico tenía su propia simbología en cada uno de sus movimientos.

Sombreros y capotas

Está claro que llevar el pelo cubierto de algún modo durante la época de la Regencia era de obligado cumplimiento para casi todo el mundo. Si bien no era una obligación, determinaba dife-

rentes aspectos de cada persona, como su estatus, su rango o su posición en la sociedad. «Dime cómo vistes y te diré quién eres» pero llevado al extremo.

Las mujeres de la época, sin importar el lugar ni posición en la escala social, llevaban gorras y sombreros con distintas funciones y en distintos momentos del día. Ya fuese la hija de un duque, una mujer casada, una sirvienta o una viuda, la indumentaria del pelo era esencial. Tenían diferentes funciones y según la utilidad que se le diese, los materiales cambiaban, así como los bordados y la decoración.

Los sombreros de mañana o también conocidos como *boudoir* (en inglés significa un tocador o la habitación privada de una mujer) eran aquellos que se usaban dentro de casa mientras las damas se vestían y preparaban para ir a hacer sus actividades por la mañana. Eran especialmente útiles para que el cabello no se enredara hasta el momento de vestirse. Estaban hechos de tela fina de algodón o muselina y normalmente llevaban adornos bordados o con encaje.

También era habitual que estos sombreros de mañana se dejasen bajo la capota para mantener el cabello en su lugar fuera de casa. Y ¿qué es la capota? Los *bonnets*, en español capotas o sombreretes, eran los sombreros de mujer en tendencia durante la Regencia. Se usaron durante casi todo el transcurso del siglo XIX, tomando distintos diseños, formas y poco a poco fueron desapareciendo como cualquier otra moda. La capota servía, principalmente, para proteger el pelo de las mujeres de cualquier suciedad que hubiera en el aire, así como para demostrar modestia bajo la influencia de la iglesia cristiana.

Los sombreros de copa se imponen como una moda procedente de Francia.

La capota estaba especialmente de moda entre las clases más altas de la sociedad, aunque las mujeres burguesas y clases más bajas que pudieran permitírsela, también solían llevarla. Al principio de siglo, el diseño de la capota era parecido al cuerpo ovalado de lado a lado que cubre el interior de un carruaje, con tiras o cintas de ropa para poder atarla bajo el cuello y mantenerla en su lugar.

La «capota» era el nombre preferido para referirse a los sombreros o gorras de mujer durante el siglo XIX, mientras que los hombres usaban el nombre de «sombrero» y otras variantes. Las damas aristócratas podían tener una larga colección de capotas, cada una para una función y lugar específico, mientras que las damas de clase media o baja, especialmente la mujer trabajadora, solía tener solamente una para el invierno y una para el verano, con telas especialmente pensadas para cada clima.

Una capota a principio de siglo solo cubría la parte trasera y central de la cabeza. Más adelante llegaron las capotas con visera redondeada o de ala ancha delantera con dimensiones un tanto exageradas, o incluso la capota que cubría ambos lados de la cabeza de una mujer, obligándola a tener que girar el cuerpo entero si quería mirar hacia los lados. Según la calidad con la que estuviese hecha, la capota podía llevar adornos bordados, de encaje o confecciones de tela más elaboradas.

Aunque por muy de moda que estuviese, según avanzaba el siglo, los parasoles se volvieron la indumentaria de cabello más cómoda y en tendencia para cubrir a las señoritas del sol y proporcionar un espacio personal que la capota no permitía. Por eso, sin tanta necesidad de usarlas, las *bonnets* empezaron a reducir su tamaño hasta que solo cubrían la parte central de la cabeza.

¿Sabías que...?

Antes de que surgieran las capotas, las cofias eran la indumentaria de cabeza preferida por las mujeres, sobre todo durante el siglo XVIII. Durante esa época, la cofia no era considerada como parte de los complementos de vestir y para la cabeza como por ejemplo los sombreros. Las telas de la cofia eran más finas, pero también podían llevar elementos decorativos, así como bordados y encaje. De hecho, las mujeres de España no llevaron capotas hasta alrededor del 1820, ya que ellas simplemente preferían usar velos y pañuelos para cubrirse del sol.

Hoy en día todavía se usan las capotas en sociedades religiosas como los Amish. La capota, cofia y cualquiera de estos sombreros de mujer tenían una fuerte conexión con la religión cristiana, por lo que las mujeres, aun y llevándolo por motivos estéticos y prácticos, estaban siempre atadas a la modestia, la elegancia, la pureza y la delicadeza que la sociedad les inculcaba y tenían tan interiorizado como parte de su ser.

Dejando de lado las capotas, todavía no hemos visto todos los sombreritos y gorras de las damas de la Regencia. Las «gorras de casa» eran parecidas a las de la mañana, pero con detalles decorativos más elegantes. Eran aquellas con las que recibían visitas en casa, por lo que podían incluir adornos como flores o cintas. Por otro lado, estaban las *fancy caps* –gorras elegantes o de lujo– que se llevaban para esos eventos importantes como bailes, fiestas, la ópera o asuntos reales. Estas gorras iban con los atuendos más sofisticados acorde con la ocasión y podían estar hechas de encaje o satén para la moda de inicios de siglo y del mejor terciopelo a partir del 1825.

Fancy caps.

¿Podían llevar las mujeres de la Regencia el pelo suelto para ir a dormir? Eso dependía de si la mujer se hacía llamar dama o no. Es decir, las clases más elitistas o las de clase media con más recursos, también utilizaban gorras de noche. Las damas de la Regencia utilizaban distintos aceites, grasas y esencias para su cabello. Si no querían manchar las sábanas de todos estos mejunjes debían llevar un gorro de noche. Estas gorras llevaban unas tiras para poder atarlas bajo el cuello y no permitir que se moviese durante la noche. Puede que esa fuese la solución para no levantarme con el pelo hecho un nido de pájaros... Tomando nota de los cuidados nocturnos del siglo XIX.

¡Dato curioso!

Los Bridgerton abren el primer capítulo con la presentación en sociedad de las jóvenes londinenses como Daphne. Entre estas jóvenes están las tres hermanas Featherington que hacen su entrada triunfal ante la corte con unos peinados decorados con plumas blancas de una altura considerable. Esa decisión por parte de los creadores no creo que fuera solo para hacer referencia al nombre de las jóvenes –feather significa pluma– y aportar un punto cómico a la escena. Sino que era muy común en la época que las damas adornasen sus peinados con plumas –normalmente de avestruz– para complementar los looks de las fiestas o los bailes. De hecho, era preciso que se llevasen para eventos como presentaciones o asistir a la Corte. Algunos sombreros de mujer también podían decorarse con pequeñas plumas de avestruz enganchadas.

El sombrero hace al caballero

Si algo hemos aprendido en este libro, es que la Regencia era una época de postureo, de aparentar una elegancia y sofisticación que no todo el mundo poseía realmente. Cada paso y decisión estaban meticulosamente medidos para no cargarse la reputación de uno mismo. Podemos atribuir conducta y etiqueta a casi cualquier aspecto de la vida de las damas y los caballeros de la época y, por supuesto, el uso de los sombreros masculinos no podía ser menos.

Existía todo un protocolo para saber cuándo había que quitarse el sombrero, cuándo era correcto sostenerlo en las manos o cuándo era necesario saludar a una dama. Por mencionar unos cuantos... Un caballero que se precie debía llevar un buen sombrero sobre su cabeza y debía ser consciente de cuál era la mejor forma de usarlo.

Hoy en día –aunque no es obligatorio–, llevar un gorro o cualquier tipo de sombrero en el interior de un local, edificio o vivienda no es de muy buena educación y puede que te lleves más de una miradita de reproche. Durante la Regencia, si no llevabas el gorro adecuado o en el lugar indicado podía afectar de mala manera a tu reputación y la forma en que los demás te veían. Vamos a llamarlo «los modales del sombrero».

A finales del 1700 y con la introducción de la nueva moda grecorromana, los sombreros de los hombres también sufrieron un cambio drástico. El tricornio, un tipo de sombrero de tipo militar que había reinado durante la mayor parte del siglo XVIII, empezó a perder fuerza entre los civiles comunes. Es sobre el 1790 que aparecen los *top hats* o sombreros de copa, también conocidos como chisteras en España. Su origen –como no podía ser de otra forma– venía de Francia, y llegó a Inglaterra sobre el 1793. Poco a poco, este sombrero empezó a introducirse en la moda masculina de inicios del siglo XIX, hasta que alrededor del 1810 el sombrero de copa se había convertido en el *item* del momento. Todo tipo de hombres y de toda clase de rangos adoptaron esta nueva moda.

Anthony Bridgerto
con un sombrero o
copa.

El sombrero de copa no era solo un accesorio, sino que representaba un símbolo de poder que hacía sentir al hombre superior a los demás (¿más de lo normal?). Incluso el hombre más bajito se sentía alto con uno de estos sombreros. Es a causa de este poder y autoridad del sombrero que las copas empezaron a aumentar según pasaban los años. Cuanto más alta la copa del sombrero, más prestigio daba al caballero. Estaban hechos de distintos materiales como podía ser la seda, el cuero, la paja, el lino, el cabello de caballo e incluso existían los famosos *beaver hats* o sombreros de castor, hechos precisamente con piel de castor. Había bastante variedad de colores, aunque los grises y negros eran los más usados, sobre todo en ocasiones formales.

Los modales del sombrero

Con la llegada del siglo XIX los saludos cordiales habían cambiado bastante. Atrás quedó el inclinarse exageradamente hacia adelante y estirar la pierna hacia un lado. En cambio, los caballeros podían inclinarse ligeramente o asentir de manera formal a la otra persona mientras tocaban con los dedos el ala del sombrero sin necesidad de retirarlo dramáticamente de la cabeza. Incluso en algunas ocasiones, un simple apretón de manos era suficiente. Eso no quiere decir que este saludo desapareciese, pues todavía seguía siendo el adecuado al encontrase con rangos superiores o de mucha importancia.

De todas formas, el dramatismo cotidiano había desaparecido, pero el uso del sombrero, no tanto. Por norma general, los sombreros se usaban fuera de casa, en el interior uno debía sacarse el sombrero y entregarlo a un sirviente en la entrada del lugar. En caso de no haber sirvientes, un caballero debía sujetar él mismo su sombrero hasta poder usarlo de nuevo o colgarlo en percheros expresamente para su uso. Aunque existían interiores donde por las circunstancias del lugar y el evento que allí se daba los hombres podían conservar sus sombreros sobre la cabeza, como en algunas salas de los pubs donde aun estando en el interior, se considera un lugar de exterior.

La verdad es que, en la mayoría de los casos, los caballeros debían adaptarse a las circunstancias del lugar para saber si debían o no quitarse el sombrero. Solo había una norma marcada a fuego que obligaba a todo caballero –que así se preciase– a quitarse el sombrero. Y eso era al saludar a una dama. Por supuesto, saludar a una mujer que no se conocía de nada era una acción atrevida y descortés, pero en caso de que ella saludase primero, el hombre debía responderle el saludo cordialmente retirando el sombrero de su cabeza e inclinándose ligeramente.

Como ya hemos visto, durante el 1800 existían distintos manuales de conducta tanto para señoritas como para caballeros. En el caso de los hombres, podían acudir a manuales para saber cómo comportarse, saludar y entablar conversación con otros hombres de distintos rangos o con las propias damas. Uno de

Un caballero siempre debe descubrirse el sombrero cuando saluda una dama.

¡Dato curioso!

En cuanto a saludos y formalidades, hay uno en particular que me parece muy curioso. Cuando un hombre se cruzaba con una mujer conocida, podía saludar rápidamente con la cabeza, pero debía esperar a que fuese ella quien iniciase la conversación. Solo en casos de amistad muy estrecha podía el hombre acercarse a ella y entablar una conversación. Esto se debe a que la mujer tenía permiso para rechazar un saludo e ignorar al hombre con el que no quería relacionarse. Era básicamente un instinto de supervivencia, si el hombre quería evitar la humillación delante de otros, era preferible dejar que fuese ella quien decidiese si era correcto hablar o no. Esto no vendría mal en algunas ocasiones hoy en día... De todos modos, una dama de bien siempre saludaba a los caballeros con los que ya había sido presentada o simplemente conocía.

estos manuales era, por ejemplo, el *Hill's Manual of Forms* (1873), en el que instruían al caballero de modales como lo siguiente:

«*Ante un conocido casual, puedes inclinarte sin hablar; pero a aquellos con los que conoces bien se debe una mayor cordialidad. Siempre se debe devolver una reverencia; incluso a un enemigo es cortesía devolver su reconocimiento*».

Si hasta a tu enemigo debías devolverle un saludo, eso indica lo importante que eran los modales para la época. Y yo que hoy en día voy con los auriculares puestos y mirando el suelo para no tener que hablar con nadie...

Si bien hemos dicho que un caballero no iniciaba una conservación con una dama por la calle sin el consentimiento de ella, a veces existía la posibilidad de que el hombre tuviera algo de lo que hablar con ella. En ese caso, en vez de detenerse frente a ella y obligarla a interrumpir su paseo, el caballero debía situarse a su lado y andar a su mismo paso mientras mantenían la conversación. Una vez terminada esta conversación, él debía despedirse con una breve inclinación y, por supuesto, retirar el sombrero de su cabeza unos segundos. Escenas como estas las hemos visto en muchísimas películas, pero hay que entender que el gesto va mucho más allá de una mera cordialidad, es una acción que, de no hacerse bien, podía manchar tu reputación.

El dónde, el cómo y el por qué

Saber dónde quitarse el sombrero y dónde ponérselo dependía de varios factores. Si estabas a fuera o dentro de un edificio o si era un lugar público o privado indicaba cuál era el protocolo que debía seguirse.

Como hemos visto, en la calle se debía usar siempre, y aquel caballero que no usase sombrero en la calle se convertía en sujeto de cotilleo y crítica. Lo mismo ocurría si llevabas un sombrero en un lugar de interior, donde la gente podía asumir que querías aparentar ser alguien de la importancia que realmente no tenías. Un «notas» de toda la vida.

Los *halls* de un hotel, las estaciones de tren o los bailes al aire libre permitían al hombre seguir llevando su sombrero sobre la cabeza. Otra excepción para los lugares de interior donde se permitía llevarlo puesto era en ocasiones donde el caballero podía tener las manos ocupadas o no había un lugar seguro donde dejar el sombrero. En ese caso, no era obligación quitárselo hasta que tuviera las manos desocupadas o un sirviente pudiera atenderle.

En los establecimientos o tiendas no era obligatorio para los clientes retirarse el sombrero, aunque sí para los empleados. Mientras que, en lugares como oficinas o instituciones más formales, no estaba permitido llevarlo sobre la cabeza. Y entonces, ¿era correcto llevar el sombrero en la mano? Bueno, ahí depende también de la situación. Al entrar en una casa a visitar a alguien, debían entregar su capa y sombrero al sirviente esperando en la entrada. En caso de que no hubiese sirviente, como cuando el señor Darcy irrumpe repentina e incómodamente en casa de Charlotte Lucas para ver a Elisabeth, entonces era apropiado que el mismo caballero sujetase su propio sombrero o sus guantes.

Darcy irrumpe torpemente en casa de Charlotte
en *Orgullo y Prejuicio* (2005).

En lugares más respetables como restaurantes, bailes, fiestas por invitación o los mismísimos clubs privados era necesario quitarse el sombrero. En lugares como el teatro, el caballero podía conservar su sombrero hasta el momento de sentarse en su asiento. A partir de ese momento y por respeto a las personas sentadas detrás de él, debía sacárselo y apoyarlo sobre el regazo.

La verdad, no me extraña que existieran manuales de conducta para todo en la época de la Regencia... ¡Si hasta los sombreros eran motivo para cancelar a alguien! En caso de que viajase al pasado, no duraría ni dos días con tanto protocolo, modal y jerarquía. Sin un Darcy o un duque de Hastings, la Regencia se me haría muy cuesta arriba, sobre todo como mujer. Mejor escribo este libro y me deleito con las escenas de ficción que tanto nos hacen palpitar el corazón.

¡Dato curioso!

Durante este periodo era muy común tener guardarropas en lugares formales como los teatros o la ópera. Claro que había un problema, al final, con tanto sombrero de copa negro o de color oscuro, se acababan mezclando y no se sabía de quién era cada uno. Por ese motivo se inventaron los «clac» o sombreros de ópera, especialmente diferenciados de los de copa para no tener que confundirse y acabar llevándose a casa uno que no era. El clac era un sombrero plegable gracias a un fácil mecanismo de muelles en su interior. La copa no era muy alta y se abría con un solo golpe de muñeca. ¡Me parece un invento maravilloso! De esta forma, los caballeros más desconfiados que no querían dejar sus pertenencias en un guardarropa o que simplemente les parecía un estorbo tener que sujetar el sombrero de copa en la mano o regazo todo el tiempo, solo tenían que doblarlo y disfrutar de la función.

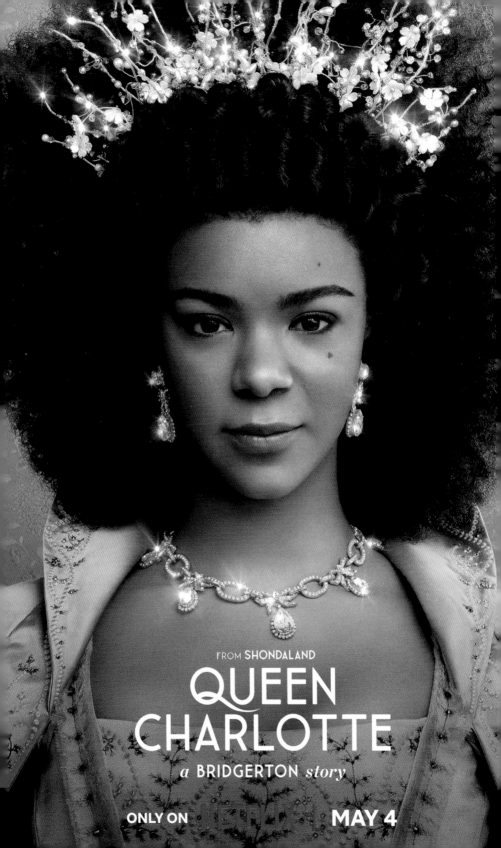

*L*a reina Carlota:
Una historia de *Los Bridgerton*

Los creadores de *Los Bridgerton* han querido regalar un caramelito a los fans de la serie. Y es que el *spin-off* de la reina Carlota, interpretada por Golda Rosheuvel, ha llegado pisando fuerte. Abandonamos la romántica era de la Regencia un ratito para adentrarnos a la esplendorosa época georgiana.

Esta época transcurre desde 1714 hasta alrededor de 1830, incluyendo así también la Regencia. Si bien la era georgiana era mucho más conservadora, quedó marcada en la historia como una época brillante tanto para el arte como para la arquitectura.

Durante este período cobró mucha importancia la división de clases y, por supuesto, fue la época en que hubo una inmensa migración a las colonias americanas que, finalmente, se convertirían en Estados Unidos. ¿Algún fan del musical de Hamilton por aquí?

Volviendo a la reina, este *spin-off* con el nombre de *La reina Carlota: Una historia de Los Bridgerton*, es una miniserie de seis capítulos donde nos adentramos en la vida de la joven Carlota, interpretada por India Amarteifio, y su ascenso al trono de Inglaterra al lado de Jorge III, interpretado por Corey Mylchreest. Una historia de amor y dolor que sigue recordándose después de casi 300 años.

El gran experimento

Como ya hemos hablado a inicios de este libro, *Los Bridgerton* han inventado una Regencia ficticia donde la división de razas no es problema alguno gracias al matrimonio entre el rey Jorge III y Carlota de Mecklemburgo-Strelitz, una mujer de raza negra.

Si los más escépticos se preguntaban cómo es eso posible, este *spin-off* resolverá muchas dudas. Si bien de entrada el mundo donde vive la joven Carlota no es ni la mitad de racista de lo que fue la realidad, la división entre razas sigue siendo visible. Es de hecho con la trama de lady Danbury que podemos apreciar esa división.

La serie tiene como motivo principal la historia de amor entre la reina Carlota y el rey Jorge III.

El matrimonio entre un rey blanco y una joven noble de origen africano en plena época georgiana termina por convertirse en un "gran experimento" para la realeza y altos cargos de Gran Bretaña en la ficción de la serie. De este modo, los conflictos de divisiones de clases de la época verdadera pasan a convertirse en conflictos de inclusión de razas.

Esto era, por supuesto, casi imposible en la vida real. Pero hay un gesto muy significativo en el primer capítulo que nos lleva de vuelta a las posibles raíces negras de la verdadera reina Carlota.

En el primer encuentro entre Carlota y la princesa Augusta, la madre del rey hace hincapié en que su color de piel es demasiado oscuro, dando a entender que hubiese aceptado mejor una tez menos morena y más de carácter mulato. Este detalle nos da una pincelada de la posible realidad de la reina Carlota en el caso de que sus raíces fueran realmente africanas. Aunque, lo más probable, es que nunca sepamos la verdad.

En el primer capítulo conocemos el origen de la verdadera reina Carlota.

El ascenso al poder de lady Danbury

Lady Danbury es uno de los personajes más interesantes de *La reina Carlota*. Es gracias a ella que vemos una triste y muy común realidad para las mujeres de la época, dejando de lado el tema de la raza.

Una joven lady Agatha Danbury, interpretada por Arsema Thomas, se encuentra casada con lord Danbury, un hombre mayor, egocéntrico y obsesionado con su reputación. Los matrimonios con-

Lady Agatha Danbury, víctima de un matrimonio concertado.

certados eran muy comunes en la época georgiana, las jóvenes debían casarse con el hombre que a su familia les beneficiase más, sin importar la edad o el temperamento.

Pero dentro de estar atrapada en un matrimonio infeliz y forzoso, lady Danbury es una mujer de carácter fuerte que aprovecha su situación para sacarle el mayor partido posible. El ingenio, los dotes sociales y la supervivencia consiguen que la joven Agatha ascienda entre las clases más altas de la nobleza británica, asegurándole a su marido –aunque en realidad a sí misma– un puesto cómodo dentro de la sociedad británica.

Las mujeres viudas de clase alta, especialmente con hijos todavía de corta edad, recibían los bienes de su marido, pasando a ser ellas las cabezas de familia hasta que el primer hijo varón pudiera hacerse cargo de los títulos de su padre. De algún modo y como vemos con lady Danbury, era la única escapatoria de un matrimonio forzoso, de una vida enjaulada en los caprichos sexuales y autoritarios del marido.

Aunque, así como ocurre con la reina Carlota, la soledad también formaba parte de la vida de una mujer viuda en la época georgiana y la Regencia, especialmente desde tan jóvenes. En cuestiones legales era difícil que tuvieran alguna credibilidad, por lo que en muchos casos se encontraban solas ante la sociedad y los problemas que pudieran surgir. Algunas mujeres viudas acudían a sus familias, otras volvían a casarse para tener la tranquilidad de estar protegidas –económicamente hablando– bajo la tutela de un hombre y, otras, como es el caso de Agatha, se dedicaban a criar a sus hijos y proteger el patrimonio de su marido.

Los retratos de la realeza

Hoy en día las fotografías familiares de las casas reales del mundo no tienen mucho secreto, basta con arreglarse un poco y posar unos minutos delante de la cámara. En épocas como la georgiana, a falta de cámaras, la familia real quedaba retratada en cuadros pintados por los mejores pintores de la época.

Los retratos por aquel entonces solo eran posible para las familias más nobles (y no precisamente por actitud), la alta sociedad y, por supuesto, la familia real, podían permitirse el lujo de tener un retrato familiar. En épocas anteriores, los retratos solo capturaban el rostro de los monarcas, pero con el tiempo, empezaron a incluirse los decorados de fondo, abriendo un poco las puertas a la vida, casa, terreno y riqueza de los reyes.

¡Dato curioso!

¿Quién no ha utilizado alguna vez filtros y retoques para las imágenes? El postureo y el querer aparentar perfección no es solo algo visto en nuestro siglo. Hace 300 y 400 años los retratos reales se hacían al gusto de los monarcas o el pintor, dejando ver a los demás solo lo mejor de la familia real. Los pintores creaban retratos donde los reyes aparecían altivos, orgullosos y con facciones perfectas, muchas veces bastante lejos de la realidad. Un claro ejemplo está en *La reina Carlota* cuando la princesa Augusta insiste al pintor Allan Ramsey retratar a la reina con la tez blanca.

El retrato más antiguo de un monarca británico que se conoce es el del rey Enrique VII en 1505, donde aparece su rostro y parte de sus hombros delante de un fondo azul sin más detalles. Estos retratos se exhibían en los palacios reales, centros cívicos o en casas de la nobleza más rica del país. La función de estas pinturas era mostrar la riqueza de la monarquía y, a la vez, acercarse un poco más al pueblo (al menos a los más ricos...).

La verdadera historia de amor entre Jorge y Carlota

La vida de una reina parece estar repleta de lujos y excentricidades, pero la realidad es bastante distinta de lo que el pueblo puede pensar. Este *spin-off* nos muestra la vida de una joven de 17 años que llega a un país desconocido para ella y donde debe aprender a sobrellevar la soledad. Rodeada solamente de sirvientes y personas que esperan mucho de ella. *La Reina Carlota* ha sabido capturar en seis capítulos lo que se cree que fue una de las relaciones entre monarcas más sinceras y fuertes.

El rey Jorge III tenía apenas 22 años cuando tuvo que casarse con una joven desconocida de tierras alemanas. Dos jóvenes sin apenas saber nada de sí mismos, se dieron de bruces con la vida adulta y los deberes de una corona tan exigente como la de

Retratos del rey Jorge III y la reina Carlota.

Gran Bretaña. Pero a veces las cosas funcionan mejor de lo que uno cree, y aunque Jorge estuviese pillado por otra joven en aquel entonces, no tardó en ver todo aquello que Carlota podía ofrecerle: una relación cercana, amistosa y con cariño.

La reina Carlota, por cuestiones de tiempo y espacio, ha representado la enfermedad del rey a una edad muy temprana, algo que queda lejos de la realidad. Jorge y Carlota vivieron nada más ni nada menos que 25 años de matrimonio feliz y tranquilo antes de que apareciese la enfermedad del rey. ¡Qué alegría saber esto después de ver la serie!

¡Ojo al dato!

Mientras miraba el *spin-off* de *La reina Carlota: Una historia de Los Bridgerton*, hubo un dato divertido que me llamó mucho la atención. Uno de los primeros regalos de Jorge a Carlota, es un pequeño y adorable perro Pomerania, aunque la reina lo ve más bien como un conejo horrendo sin ningún encanto. Es curioso que la reina no reconociese la raza, puesto que el perro Pomerania proviene de una región fronteriza de Alemania con el mismo nombre, no muy lejos del lugar de nacimiento de Carlota.

Apenas existe correspondencia entre ellos ya que los reyes pasaban casi todo el tiempo juntos, a diferencia del *spin-off*, nunca estuvieron separados durante su luna de miel. Paseaban por las tierras y jardines de la familia real sin escolta, algo un tanto insólito, y disfrutaban de largas charlas y risas juntos. «No podría estar más feliz con mi esposa», son algunas de las palabras que el rey compartía con sus súbditos. Sabiendo todo esto no sería de extrañar que las escenas de sexo de la serie fuesen una realidad. Se dice que el rey nunca tuvo amantes y disfrutó de sus días sanos junto a su esposa y sus hijos. Antes de que llegase el drama...

¡Dato curioso!

Durante el reinado de Jorge III el título de la reina tuvo un cambio significativo. Antes, la mujer del rey obtenía el título de «Reina consorte de Gran Bretaña e Irlanda» un título que podemos oír varias veces durante el *spin-off* de la serie. Y es que, fue durante esa época y con Carlota como monarca que el título cambió a «Reina consorte del Reino Unido» y así ha permanecido desde entonces. Título que, por cierto, hoy en día pertenece a Camila.

La enfermedad del rey

De todas las historias Bridgerton llevadas a Netflix, *La Reina Carlota* es la que más hechos históricos verdaderos presenta. Aun habiendo modificado su historia y la cronología en que suceden los hechos, la enfermedad del rey Jorge III es asombrosamente parecida a la realidad.

Conocida como «la locura del rey» en aquel entonces, fue la enfermedad responsable de apartar al rey de Gran Bretaña e Irlanda de su corona y su esposa. En el año 1789, Jorge empezó a sufrir unos episodios de lo que hoy en día podemos llamar demencia, pero que en su época se diagnosticó como «psicosis maníaco depresiva». Todavía no hay una respuesta clara que nos indique qué enfermedad padecía realmente el rey, pero han existido dos hipótesis muy claras en los últimos cien años que podrían acercarse a la verdad.

Jorge III sufría una enfermedad mental.

En los años sesenta, los estudios apuntaban a que Jorge padecía de porfirias agudas, enfermedades de transmisión hereditaria que afectan la función de proteínas en el metabolismo. Pero un estudio realizado en 2011 indica que la interpretación de los síntomas del rey hecha en 1960 era un tanto selectiva y que la idea de que el rey sufría una enfermad física o que estaba loco, no era un diagnosis acertado.

Un joven Jorge III interpretado por Corey Mylchsreest.

Estudios recientes creen que los episodios de demencia del rey se debían, en realidad, a enfermedades mentales como la manía recurrente o el trastorno de bipolaridad. La salud mental o los estudios de psicología en la época georgiana eran apenas inexistentes, por lo que encontrar una solución a los problemas de salud mental de Jorge era, por desgracia, casi imposible.

Los métodos de tortura empleados para curar al rey

Aquí es donde *La reina Carlota* y la historia verdadera de la enfermedad del rey, tristemente encajan bastante. Y es que los métodos crueles y escalofriantes que se usan en la serie son verdaderos. Cuando el rey empezó a sufrir estos ataques cada vez más seguidos, se contrataron los mejores médicos del país para que tratasen el problema. Carlota, asustada y angustiada por los repentinos ataques de ira y demencia del rey, vivía apartada de él durante sus tratamientos.

El uso de sanguijuelas, el método de sangrado y otras torturas parecidas que podemos ver en la serie, fueron utilizados realmente sobre Jorge. Me pregunto si que la salud del rey empeorase según avanzaban los años era realmente por su pérdida de sanidad o por el trauma causado por los médicos... Sea como fuese, el rey nunca mejoró y durante algunos años seguía teniendo momentos de lucidez.

Fue en la última década de su vida cuando, tras la muerte repentina de su hija menor, la princesa Amelia, con la que tenía una conexión especial, el rey empeoró drásticamente. Es entonces cuando se nombró rey regente a su hijo mayor, nuestro amigo Jorge IV y empezó la era Regencia.

¿Sabías que...?

Una vez casados, los monarcas se mudaron al Palacio de Kew, lugar de residencia del rey en la serie. El Palacio de Buckingham fue comprado años más tarde como una residencia de descanso donde su mujer y sus hijas pudiesen descansar y estar a solas.

Los últimos años de Jorge y Carlota

Los últimos años de Jorge y Carlota fueron muy similares a lo que nos muestran en el *spin-off* de *Los Bridgerton:* Carlota vivía separada de Jorge, pues la demencia del rey era bastante severa. La reina fue un pilar importante en la sociedad y dedicó sus años a fundar hospitales para mujeres y orfanatos. Carlota organizaba bailes de beneficencia para recaudar dinero para el hospital maternal Queen Charlotte's and Chelsea Hospital, situado en Londres y todavía en funcionamiento.

La reina Carlota finalmente murió el año 1818, sentada en su butaca que, por cierto, todavía permanece en el Palacio de Kew, y rodeada de sus hijos. Aunque el dato que me parte el alma es

Jorge y Carlota vivieron 25 años de matrimonio feliz y tranquilo antes de que apareciese la enfermedad del rey.

saber que, durante la procesión del funeral, se cubrieron los patios empedrados de paja para que el rey −ciego a causa de las cataratas− no escuchase el repicar de los caballos trasladando el ataúd de su querida Carlota hasta el Castillo de Windsor. ¿He llorado con el *spin-off* de la serie? Sí ¿He llorado con esto? También.

Hasta su muerte, la reina Carlota actuó como la tutora y guardiana del rey, tal y como vemos en la serie. Jorge III murió en 1820, apenas un tiempo después que su esposa, poniendo fin a su sufrimiento y, a mí me gusta pensar que regresando al lado de Carlota de algún modo.

Descendencia

Por si un solo heredero al trono fuese poco, la reina Carlota y Jorge III tuvieron nada menos que 15 hijos, aunque dos de ellos fallecieron durante la niñez: el príncipe de Gales Jorge IV, el príncipe Federico, el príncipe Guillermo, la princesa Carlota, el príncipe Eduardo, la princesa Augusta Sofía, la princesa Isabel, el príncipe Ernesto, el príncipe Augusto Federico, el príncipe

Adolfo, la princesa María, la princesa Sofía, el príncipe Octavio, el príncipe Alfredo y la princesa Amelia.

Seis meses después de la boda, Carlota se quedó embarazada de su primer hijo y el futuro rey de Inglaterra, el príncipe Jorge IV. En esa época los hombres no estaban permitidos dentro de la habitación donde la reina daba a luz. Era considerado un asunto de mujeres hasta

¡Dato curioso!

Tal y como vemos en *La reina Carlota: Una historia de Los Bridgerton*, un joven Mozart de ocho años fue invitado a palacio por Carlota para tocar un corto recital de piano. Años más tarde le dedicaría una composición llamada Opus 3 a la reina.

que el príncipe Felipe de Inglaterra rompió esa tradición cuando estuvo presente para el nacimiento de su hijo el príncipe Eduardo.

La reina Carlota y Jorge III tuvieron 15 hijos.

Las comadronas y enfermeras eran las mujeres encargadas de asistir el parto y debían hacer un juramento antes de empezar donde prometían no robar elementos como la placenta o el condón umbilical, objetos que podrían ser utilizados en rituales de brujería. ¿Te imaginas? Tú intentando parir y las señoras que deben ayudarte están en círculo haciendo promesas.

Algunos cargos oficiales de la corte eran los únicos hombres que estaban presentes durante el parto, pero era simplemente para asegurarse de que el bebé nacía sano y no se daba algún cambiazo en secreto. Por suerte, esta ley pudo cambiarse justo antes del nacimiento del príncipe Carlos, ahora rey Carlos de Inglaterra. No sé por qué me da que la reina Isabel II tuvo algo que ver con esta decisión. ¡Bien por ella!

La reina Victoria, cuyo ascenso al trono se produjo el 20 de junio de 1837.

En el *spin-off*, Carlota tiene una fuerte determinación en que alguno de sus hijos produzca el próximo heredero al trono de Inglaterra. Finalmente, como vemos en la serie, fue el príncipe Eduardo junto a su esposa Victoria quienes consiguen darle el primer nieto oficial a la reina Carlota.

Puede que no se pille rápidamente la indirecta en la serie, pero ese «nieto» finalmente terminaría siendo una nieta y también una de las reinas más famosas de Inglaterra: ¡la reina Victoria! Dando así comienzo a la época victoriana.

Me gustaría terminar este libro con una cita de Shonda Rhimes, la productora ejecutiva de *Los Bridgerton* y *La reina Carlota* que describe perfectamente el mensaje de la serie:

> «El amor es duro, el amor es difícil, el amor tiene muchas capas. Quiero que eliminen la idea de que el final feliz del que siempre hablamos para los personajes no tiene que ser el final obvio».

Bibliografía y webgrafía

Imprescindibles

Quinn, Julia, *El vizconde que me amó*, Urano.

Quinn, Julia, *La suma de todos los besos*, Urano.

Quinn, Julia, *La otra Mrs. Bridgerton*, Urano.

Quinn, Julia, *Lady Whistledown contraataca*, Urano.

Quinn, Julia, *Por culpa de Mrs. Bridgerton*, Urano.

Quinn, Julia, *Primero llegó el escándalo*, Urano.

Quinn, Julia, *Te doy mi corazón*, Urano.

Quinn, Julia, *Un romance adorable*, Urano.

Temporada 1

1. Un diamante de primera
2. Asombro y agrado
3. El arte del desvanecimiento
4. Un asunto de honor
5. El duque y yo
6. Frufrú
7. Un abismo
8. Después de la tormenta

Temporada 2

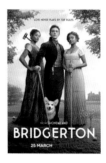

1. Vividor
2. Esto acaba de empezar
3. Obsesiones
4. Victoria
5. Un destino inimaginable
6. La elección
7. Armonía
8. El vizconde que me amó

La reina Carlota:
Una historia de ***Los Bridgerton***

1. Futura reina
2. Un luna de miel espléndida
3. Los días pares
4. Al servicio del rey
5. Jardines en flor
6. Las joyas de la corona

Bibliografía

AA. VV., *Mujeres en la historia (1800-1940)*, M.A.R Editor, 2013.

AA. VV., *Mujeres emprendedoras entre los siglos XVI y XIX*, Catálogo de publicaciones de la Administración General del Estado, 2017.

Austen, Jane, *Sentido y sensibilidad*, 1811.

Austen, Jane, *Orgullo y Prejuicio*, 1813.

Austen, Jane, *Emma*, 1815.

Austen, Jane, *Persuasión*, 1817. Kloester, Jennifer. *Georgette Heyer's Regency world*, Arrow, 2005.

Wilson, Thomas. *A Companion to the Ball Room*, Button, Whittaker & Co., 2015.

Webgrafía

Allen, Louise. « The Mysterious Madame Lanchester», Historical and Regency Romance UK, 2013.

Fayanás, Edmundo. «La sexualidad en la época victoriana», Nueva tribuna, 2017.

Fernández, Diana. «Madame Lanchester. Una modista en Londres en la era del "Regency Style"», Vestuario Escénico, 2018.

Gómez Ruiz, Lara. «¿Qué personaje real inspiró a la misteriosa Lady Whistledown de la serie *Los Bridgerton*?», *La Vanguardia*, 2021.

Janeaustenses. «El patrón que todas las relaciones Austenianas siguen», Jane Austen Society España, 2017.

Lehman, Candace. «What was Fashion Like During the Regency Era? », Study.com, 2021.

López, Rodrigo. «Amores homosexuales en el siglo XIX», Izquierda Diario.es, 2016.

Llanos Martínez, Héctor. «Emprendedora, masculina y "casada" con otra mujer: la vida de Anne Lister en el siglo XIX», El País, 2019.

M. Lerga, Ruth. «¿Sabías que…? La Regencia Inglesa», El Rincón de la Novela romántica, 2014.

Rictor, Norton. «Homosexuality in Nineteenth Century England: A Sourcebook», 2023.

Sampson, Annabel. «Inside 'The Season': Regency London's most glamorous time of the year as depicted in Bridgerton», Tatler, 2022.

Sierra, Cristina. «¿Qué es el Regencycore? La nueva moda impuesta por 'Los Bridgerton'», La Vanguardia, 2021.

Taylor Ammons, Meredith. «Games played during the Regency Era», Jane Austen Summer Program, 2022.

En la misma colección:

Puedes visitar nuestra página web
www.redbookediciones.com
para ver todos nuestros libros a través de este QR:

Puedes seguirnos en:

 redbook_ediciones

 @Redbook_Ed

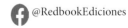 @RedbookEdiciones